LE SETTER ANGLAIS

G. MAZZA

LE SETTER ANGLAIS

ÉDITIONS DE VECCHI S.A.
52, rue Montmartre
75002 PARIS

L'éditeur tient à remercier vivement les éleveurs Yves Madelain du Club français du Setter anglais, Daniel Farcy, Camille et Isabelle Dave, Dominique Roze et Thierry Fabre pour leur aimable contribution à l'iconographie de cet ouvrage.

Photos de couverture : © Philippe Rocher
Photos intérieures : © Philippe Rocher, sauf indications contraires

Traduction : Nathalie Rossi

Collection dirigée par le professeur L. Guidobono Cavalchini et le docteur C. Pialorsi Falsina

Imprimé en France

Préface

Durant ces dernières années, la cynophilie a subi de profondes transformations. Le nombre de gens qui souhaite acquérir un chien, et en particulier un chien de race, augmente chaque année.
Le chien n'est plus uniquement perçu comme un auxiliaire précieux dans différents domaines, mais comme un ami, avec lequel partager ses heures de loisirs et vivre une expérience différente, à travers un rapport homme-animal très étroit. Les Setters anglais comptent parmi les chiens les plus connus et les plus répandus, et le nombre de chiots inscrits sur le Livre des origines est élevé. En France, contrairement à ce qui s'est produit en Grande-Bretagne, on a su maintenir un rapport étroit entre l'aspect morphologique du chien et ses capacités fonctionnelles de travail de chien de chasse. C'est ce qui a donné sa valeur à cette race et permis aux éleveurs de se faire connaître sur les rings d'exposition et dans les épreuves de travail, en y présentant des chiens aussi beaux qu'aptes aux épreuves. L'auteur est un chasseur passionné, et un cynophile très attentif à tout ce qui concerne le Setter, dont il suit l'élevage, tant en Italie qu'à l'étranger.
Cet ouvrage prend en compte la race sous ses différents aspects, depuis ses origines et sa diffusion, jusqu'aux caractéristiques morphologiques et psychiques, en passant par des conseils très utiles pour l'éducation et le dressage. Au texte concernant spécifiquement la race, on a ajouté certains chapitres de caractère plus général, qui sont : « Comment comprendre son chien et s'en faire comprendre », par M. Verga, professeur d'éthologie zootechnique à l'université de Milan, « La reproduction », « L'alimentation », « La santé et l'hygiène », par le docteur C. Cristofalo et moi-même. Les dessins sont l'œuvre de A. Marengoni.

PR L. GUIDOBONO CAVALCHINI

Le Setter anglais compte parmi les chiens les plus connus et les plus répandus.

Les origines

Parmi les différentes hypothèses faites au sujet des origines du Setter anglais, la plus crédible nous semble être celle qui donne l'antique chien à cailles espagnol comme ancêtre du Setter actuel.
Le Braque à cailles n'était pas autre chose qu'un Épagneul antique, provenant d'Espagne, à poil long et soyeux, doté d'un très bon flair et particulièrement doué pour débusquer le petit gibier, les cailles, les perdrix ou les perdrix grises.

Setter anglais en pleine course

Chien de chasse

En ce temps-là, le seul moyen d'attraper le gibier – nous parlons ici des environs du XIVe siècle – était le filet, que les chasseurs de l'époque étendaient par-dessus les roseaux, là où nichaient les oiseaux, pour pouvoir les capturer.

Le chien ne servait donc qu'à signaler la présence du gibier et à en indiquer la position, en s'en rapprochant le plus possible et en s'arrêtant ensuite quelques instants, dans l'attente des poseurs de filet.

Au début du XVe siècle, le comte de Foix, Gaston Phœbus, dans l'un de ses écrits les plus célèbres, décrivait un chien aux caractéristiques bien définies, dans lequel on peut reconnaître un Setter, et qu'il appelait « chien d'Oysel ». Ce chien était justement utilisé pour la chasse au filet.

Le docteur Cajus, qui tenta de classifier les races existant en Angleterre vers 1500, parlait d'un chien espagnol, arrivé dans l'île en passant par la France, et le décrivait comme un chien blanc tacheté de noir, très habile à débusquer et à arrêter le gibier : il se couchait quasiment par terre et suivait sa proie en rampant lorsque celle-ci tentait de s'éloigner en piétant.

De la deuxième moitié du XVIe siècle jusqu'à la fin du XVIIe siècle, d'autres auteurs parlèrent de chiens ressemblant au Setter actuel, et certains textes et tableaux français décrivaient également des chiens semblables, utilisés en particulier pour la chasse avec faucon, sur petit gibier.

L'empreinte anglaise

À ce propos, cette même époque vit surgir une polémique, certains prétendant que l'ancêtre du Setter avait tout d'abord été importé d'Espagne en France et que c'est dans ce pays que les premiers sujets avaient été élevés. D'après eux, ce ne fut que dans un deuxième temps qu'ils arrivèrent en Angleterre, avec des caractéristiques typiques déjà fixées par les Français.

Toute polémique mise à part, ce sont tout de même les Anglais qui commencèrent à donner au Setter ces caractéristiques que l'on retrouve aujourd'hui

« Setter » signifie « tomber en arrêt assis », du verbe anglais *to sit*.

C'est à Sir Llaverack que l'on doit le perfectionnement de la race du Setter anglais.

dans notre race, comme par exemple le fait de « s'asseoir », ou plus exactement de ramper sur le sol, postérieur complètement fléchi, tout en restant immobile, à l'arrêt. « Setter » signifie d'ailleurs « tomber en arrêt assis », du verbe anglais *to sit*.

Le perfectionnement de la race par Sir Llaverack

La naissance du Setter anglais moderne est de toute façon indissolublement liée au nom de Sir Edward Llaverack, qui naquit en 1798 et mourut en 1877.

Il consacra toute sa vie à la cynophilie, à l'élevage et à la chasse. Orphelin de bonne heure, il fut adopté par son oncle, industriel à Manchester, qui fut son premier maître et compagnon de chasse et qui lui transmit justement son amour de la chasse et des chiens.
Le travail de bureau, au milieu des documents et de la paperasse, ne correspondait pas du tout au caractère de sir Llaverack. La mort prématurée de son oncle lui procura une douleur profonde, mais aussi un héritage substantiel, qui lui permit de se donner entièrement à sa passion profonde pour la cynophilie.

Sa notoriété en tant qu'éleveur et cynophile fut indiscutable, même si Llaverack lui-même affirmait qu'il n'était pas le créateur d'une race nouvelle, mais plutôt celui qui avait perfectionné une race déjà existante. En effet, il acquit ses deux premiers sujets, un mâle appelé Ponto et une femelle nommée Old Moll, auprès du révérend Harrison qui élevait depuis plus de trente ans de purs sujets de cette race. Durant plus d'un demi-siècle, il travailla d'arrache-pied à l'amélioration de la race et, quelques années avant sa mort, il écrivit un livre célèbre, *Le Setter*, qui fut ensuite traduit en plusieurs langues et qui, encore aujourd'hui, est l'élément de référence de toute la littérature consacrée au Setter anglais, de par son contenu profond et les intuitions géniales qu'il contient.
Sa notoriété fut telle qu'aujourd'hui encore nombreux sont ceux qui qualifient le Setter anglais blanc et noir *(blue-belton)* du nom de Setter Llaverack.
Llaverack se fit le champion de l'« imbreeding », et son élevage se développa dans des rapports étroits de consanguinité. Il remporta tout d'abord des succès éclatants mais, par la suite, il rencontra des problèmes, liés en particulier à la stérilité d'un certain nombre de sujets. Durant les années où il s'occupa activement de l'élevage, Llaverack s'assura la collaboration de son grand ami Purcell Llewellin, qu'il considérait comme l'héritier naturel de son travail. Toutefois, quelques années avant sa mort, leur

En France, le Setter anglais est l'un des chiens d'arrêt le plus utilisés.

amitié se ternit légèrement, du fait que Llewellin ne partageait pas entièrement ses options en matière de sélection, jugeant trop étroits les rapports de consanguinité.

Les héritiers de Sir Llaverack

Pour pallier les problèmes nés de ce choix, Llewellin dut utiliser une méthode de sélection un peu moins rigide et introduire dans sa lignée d'élevage un sang nouveau qu'il se procura dans d'autres lignées qui se

développaient à cette époque en Angleterre, et qui contribuèrent, elles aussi, à l'amélioration de la race.
William Humphrey reprit l'œuvre de Llewellin, tout en se dirigeant vers une nouvelle voie de sélection. À la différence de Llewellin, qui sélectionna de très bons sujets d'exposition, Humphrey basa son élevage presque exclusivement sur de très bons chiens de travail, négligeant relativement les aspects esthétiques et morphologiques. Aujourd'hui encore, les éleveurs anglais font une différence très nette entre chien de travail et chien d'exposition, élevant et sélectionnant selon deux directions séparées, quelquefois au détriment du type de la race.

Le Setter en France[1]

La réputation internationale de ce chien anglais a commencé vers 1860 et s'est étendue très vite. En 1879, Ernest Bellecroix importa les deux premiers Setters anglais en France et l'inscription au LOF de la race date de 1882 avec Belle, appartenant à M. Chize de Brou.
Les Setters anglais sont rapidement présents dans les expositions et les fields-trials français : dès 1882 cinq Setters anglais sont présentés et neuf Setters participent au premier field-trial français organisé à Esclimont, en 1888. Si bien qu'en 1891 fut créé le Setter-Club de France qui conseillait de respecter en élevage les exigences de la chasse.
Le club connut une histoire mouvementée du fait de scissions et les deux guerres mondiales qui décimèrent hommes et chiens. Ce n'est que dans les années 1950 que la race fut véritablement relancée et prit son essor sous la houlette de M. Jean Renard.
Aujourd'hui la présidence du club est assurée par monsieur Philippe Dubroca. On doit à son prédécesseur, monsieur J.-M. Pilard, trois ouvrages importants concernant le Setter anglais. Le dynamisme du club a permis de mieux faire connaître la race du Setter anglais et de lui ouvrir les portes du succès dans les compétitions de chasse (championnats du monde, championnats d'Europe et championnats de France de field-trial). Si bien qu'en France, le Setter anglais est l'un des chiens d'arrêt le plus utilisés.

1. Pour plus de renseignements sur l'histoire du Setter anglais en France voir les ouvrages de M.J.-M. Pilard, Le Setter anglais en France de 1891 à 1991 ; Un style, une race : le Setter anglais ; Éducation et dressage, chasse et field *(en vente chez l'auteur, M.J.-M. Pilard, 35580 Guichen)*

Standard

« Le bureau du Club du Setter anglais, en raison des résultats obtenus en France par l'application du standard adopté en 1911, décide de continuer à l'adopter. En effet, contrairement à ce qui se passe en Angleterre avec les deux catégories tout à fait différentes de Setters anglais, ceux d'expositions et ceux de fields-trials, nous avons réussi à obtenir en France une seule catégorie de Setters anglais, réunissant à la fois le beau et le bon. Nous continuerons dans cette voie, respectueux du standard de son pays d'origine qui décrit le Setter anglais de taille moyenne très actif et doué d'un sens aigu de la chasse. »
Le club du Setter anglais a donc longuement commenté le standard afin de transmettre aux éleveurs et aux juges un texte vraiment complet, au contenu clair. Ce commentaire est devenu une référence.

STANDARD N°2 DU 7 SEPTEMBRE 1998

Traduction : professeur R. Triquet
Origine : Grande-Bretagne
Date de publication du standard d'origine en vigueur : 24 juin 1987
Classification FCI : Groupe 7 Chiens d'arrêt.
Section 2.2 Chiens d'arrêt britanniques et irlandais, Setter.
Avec épreuve de travail.

ASPECT GÉNÉRAL

De taille moyenne, pur dans ses lignes, élégant dans son aspect et dans ses aliures.

COMPORTEMENT/CARACTÈRE

Très actif et doué d'un sens aigu de la chasse.
Extrêmement amical et doué d'un bon caractère.

TÊTE

Portée haut, longue et sèche, sans exagération.

CRÂNE

Ovale d'une oreille à l'autre, offrant une grande capacité céphalique. La protubérance occipitale est bien marquée.

Squelette du chien

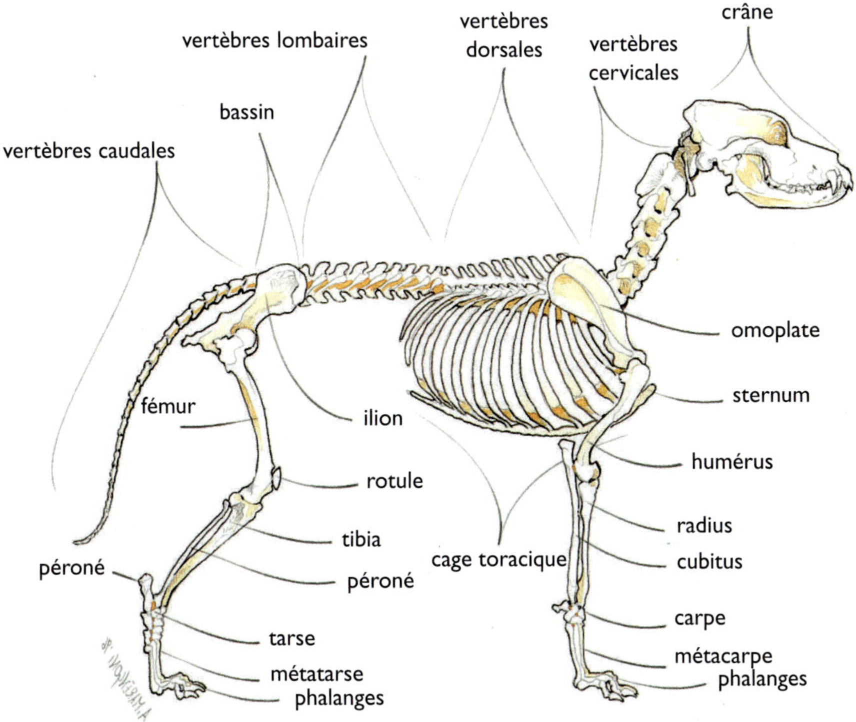

Stop
Bien marqué.

Truffe
Elle doit être noire ou de couleur foie, selon la couleur de la robe. Narines largement ouvertes.

Museau
Assez carré et d'une hauteur moyenne ; sa longueur, du stop à l'extrémité de la truffe, doit être égale à celle du crâne, de l'occiput aux yeux.

Lèvres
Elles ne doivent pas être tombantes.

Mâchoires/Dents
Les mâchoires, de longueur presque égale, sont fortes et présentent un articulé régulier et complet en ciseaux, c'est-à-dire que les incisives supérieures recouvrent les inférieures dans un contact étroit ; elles sont implantées à l'aplomb des mâchoires. La denture complète est souhaitable.

Implantation des dents dans la mâchoire

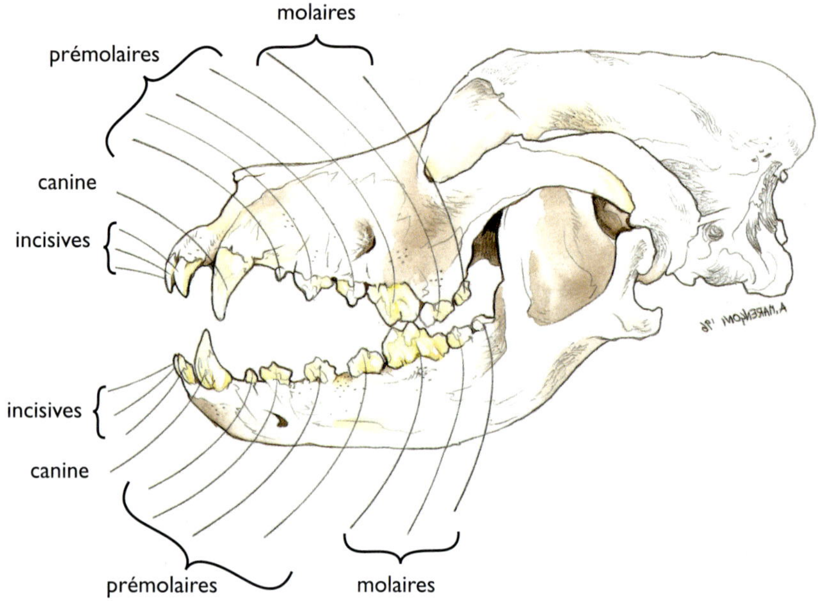

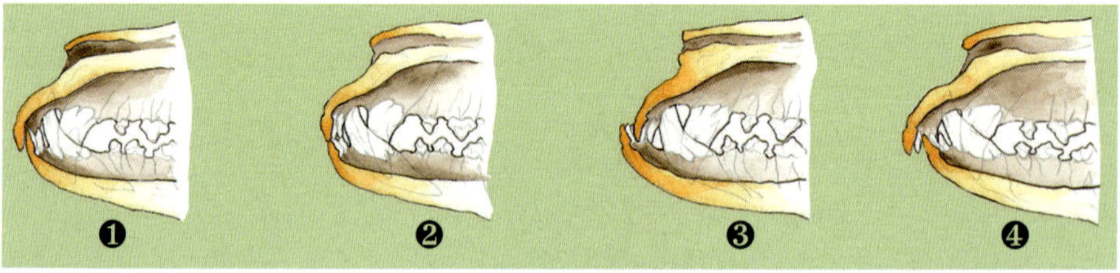

Types de fermeture : ❶ fermeture en ciseaux (correcte), ❷ fermeture en tenaille (défaut), ❸ fermeture prognathe (grave défaut), ❹ fermeture endognathe (défaut entraînant la disqualification)

Yeux

Brillants, doux et expressifs. La couleur va de noisette à marron foncé ; plus les yeux sont foncés, mieux cela vaut. L'œil plus clair est acceptable seulement chez les « liver Belton » (marron et blanc). L'œil est de forme ovale ; il n'est pas saillant.

Oreilles

De longueur moyenne, attachées bas ; elles tombent en formant des plis bien dessinés contre les joues. L'extrémité est veloutée ; la partie supérieure est garnie d'un poil fin et soyeux.

Cou

Le cou est assez long, musclé et sec, légèrement galbé dans son profil supérieur et nettement dessiné dans sa jonction avec la tête. Vers l'épaule, il est plus fort et très musclé. Il n'a jamais de fanon ni de peau lâche au niveau de la gorge ; son aspect est élégant.

Corps

De longueur modérée.

Dos

Court et horizontal.

Rein

Large, légèrement harpé, fort et musclé.

Poitrine

Bien descendue dans la région sternale ; elle est bien haute et large entre les omoplates.

Les côtes sont bien cintrées ; les dernières côtes sont longues, si bien que le chien a une bonne profondeur de poitrine.

Une belle tête de Setter blanc et noir

Queue

L'attache de la queue est presque au niveau du dos.

De longueur moyenne, ne dépassant pas le jarret, elle n'est ni enroulée, ni nouée. Elle est légèrement incurvée ou en cimeterre mais sans tendance à se recourber vers le haut. Le drapeau ou bannière pend en longues franges. Les franges partent légèrement plus bas que l'attache de la queue et elles augmentent de longueur jusqu'au milieu puis, graduellement, elles diminuent vers l'extrémité.

Le stop est bien marqué.

Les poils sont longs, brillants, doux et soyeux, ondulés mais non bouclés. La queue est active et fouaille en action ; elle est portée dans un plan qui ne dépasse pas le niveau du dos.

Membres antérieurs

Épaules
Bien disposées obliquement vers l'arrière.

Coudes
Bien descendus contre le corps.

Avant-bras
Droit et très musclé avec une ossature arrondie.

Métacarpe
Court, fort, rond et droit.

Membres postérieurs

Le membre postérieur est bien musclé y compris la jambe ; il est long, de la jambe au jarret.

Cuisse
Longue.

Grasset
Bien angulé.

Jarret
Ni en dehors , ni en dedans; il est bien descendu.

Pieds

Les pieds sont pourvus de bons coussinets avec des doigts bien cambrés et serrés, protégés par le poil qui pousse entre eux.

Allures

Allure franche et harmonieuse, suggérant vitesse et endurance. Les jarrets jouent librement, révélant la puissante impulsion donnée par l'arrière-main.

Vus de derrière, la hanche, le grasset et les jarrets sont sur la même ligne. La tête est naturellement haute.

■ Robe

Poil

Le poil, à partir de la région postérieure de la tête au niveau des oreilles, est légèrement ondulé mais pas bouclé, long et soyeux, ce qui est le cas du poil du setter en général.
Les culottes et les membres antérieurs presque jusqu'aux pieds sont bien garnis de franges.

Le cou est assez long et musclé.

Le regard est doux et expressif.

Couleur

Noir et blanc (blue belton*), orange et blanc (orange belton), citron et blanc (lemon belton), marron et blanc (liver belton) ou tricolore (c'est-à-dire noir, blanc et feu ou marron, blanc et feu), toutes robes sans lourdes plages de couleur sur le corps.
On préférera les robes mouchetées ou truitées de toutes part.

■ Taille

De 65 à 68 cm pour les mâles et de 61 à 65 cm pour les femelles.

L'attache de la queue est presque au niveau du dos.

Défauts

Tout écart par rapport à ce qui précède doit être considéré comme un défaut qui sera pénalisé en fonction de sa gravité.
N. B. : Les mâles doivent avoir deux testicules d'apparence normale complètement descendus dans le scrotum.

* NOTE DE LA COMMISSION DES STANDARDS
« Belton » est le terme spécial employé pour décrire la moucheture ou truiture caractéristique de la robe du Setter anglais. Belton est un village du Northumberland. Ce terme a été créé et répandu par le livre sur les Setters anglais écrit par Mr. Edward Llavarack, l'éleveur qui a exercé une influence prépondérante sur l'aspect actuel de la race.

Standard du Setter anglais

(Commentaire du bureau du Club du Setter anglais)

Tête

La tête doit être longue, sèche, légère, sans exagération, le stop bien

Setter anglais au galop

marqué, les lèvres, bien que franchement accusées à leur partie antérieure, doivent s'arrêter aux mâchoires, sans babines pendantes, mais former comme un commencement de poche.

Le museau ou le nez doit être droit, long, large, avec une très légère dépression à la racine de la truffe d'où se détache bien celle-ci, narines larges et bien ouvertes.

Le museau doit s'évider franchement au-dessus des yeux pour alléger la tête et lui donner de la distinction.

Défauts : tête courte, lourde, empâtée, trop large aux pariétaux, stop pas assez accusé, babines trop accentuées, ballottantes, chanfrein court, busqué, nez pointu, empâtement au-dessus des yeux.

Crâne

La partie postérieure du crâne doit être ovale, la calotte du crâne de forme légèrement convexe, la saillie occipitale sensible.

Le crâne moins large entre les oreilles que celui du Pointer, moins rond à sa partie postérieure, forme en son ensemble un ovale plus allongé.

Défauts : crâne trop large, trop court, trop plat.

Deux setters de couleurs différentes

Mâchoires

Les mâchoires doivent être longues et assez fortes, d'égale longueur, terminées carrément, s'adaptant bien l'une sur l'autre, les dents fortes.
Défauts : mâchoires de longueur inégale, dents mal rangées, cariées, jaunes.

Truffe ou nez

La truffe sera grosse, large, légèrement déprimée au centre, humide, fraîche et brillante, noire ou marron foncé, elle peut, à la rigueur, être plus claire chez les Setters blancs et orange et blanc marron et même rose chez les Setters blancs et blanc et citron. Les narines doivent être largement ouvertes.
Défauts : truffe étroite, nez pincé, tache blanche dans la truffe.

Oreilles

Les oreilles doivent être attachées bas, en arrière, de façon à bien dégager la rotondité du crâne, de longueur modérée, elles doivent pendre sans s'écarter des joues et sans montrer leur partie interne. La peau doit être mince, être souple. Les soies fines et soyeuses qui

Le museau est droit, long et large.

couvrent les oreilles doivent diminuer de longueur à la partie inférieure, de façon que les extrémités des oreilles, qui devront être très légèrement arrondies, paraissent veloutées.

Défauts : oreilles trop longues, trop courtes, trop épaisses, insérées trop haut par un cartilage trop épais, redressées, portées en avant, écartées des joues, ouvertes, montrant leur partie interne.

Yeux

Les yeux doivent être grands, brillants, doux, expressifs, dénotant l'intelligence, placés sur une ligne horizontale, de couleur noisette foncée, aussi foncée que possible toutefois, la couleur est un peu plus claire chez les Setters blancs, blanc et citron, orange ou marron. L'arcade sourcilière doit être bien détachée du front. Les paupières ne doivent pas laisser voir la conjonctive, ni présenter de taches de ladre.

Défauts : yeux trop petits, trop enfoncés, ronds, ternes, hagards, de couleur trop claire et surtout vairons, ladre aux paupières ; conjonctive apparente.

Les extrémités des oreilles doivent paraître veloutées.

Cou

Le cou doit être plutôt long, bien musclé quoique maigre, légèrement arqué dans sa partie médiane supérieure, sa jonction avec la tête nettement accusée de façon à bien dégager le derrière du crâne. Le cou doit s'élargir naturellement, et ses muscles augmenter d'importance à son point d'attache avec l'épaule mais sans lourdeur et tout en gardant de l'élégance. Il ne doit pas présenter de fanon et les franges formant une légère collerette doivent se détacher franchement.
Défauts : cou trop court, empâté du fanon, collerette trop forte.

Épaules

Elles doivent être bien obliques, musclées, sans lourdeur, bien dégagées dans leurs mouvements, les omoplates longues, l'humérus long.
Défauts : épaules droites, courtes, trop chargées.

Jambes de devant

Les jambes de devant doivent être droites et bien frangées, avec les avant-bras puissants et musculeux, les coudes bien descendus, sans déviation en dehors, les canons courts, forts et droits avec le reste de la jambe, les articulations larges et fortes, l'ossature développée.
Défauts : coudes en dehors, canons courbés, déviés en dehors ou en dedans, ossature faible.

Poitrine et coffre

La poitrine doit être profonde au bréchet et descendant au minimum jusqu'au coude : le poitrail moyennement large, proportionné à la profondeur. Les premières côtes doivent être bombées, se développant bien derrière les épaules, les fausses côtes longues et bien ouvertes empêchant le Setter d'avoir l'apparence levrettée. Le garrot doit être bien sorti.
Défauts : poitrail trop étroit ou de largeur excessive, coffre trop étroit, sans profondeur. Côtes trop plates, fausses côtes pas assez longues.

Dos et reins

Le rein doit être court et droit ; le rein qui doit être court, légèrement arqué, large et bien musclé, est plus long chez les femelles.
Défauts : dos trop long, ensellé, rein plat, étroit, grêle ou faible.

Hanches et cuisses

Les hanches seront fléchies et bien développées, les cuisses fortement musclées, longues et obliques, les articulations robustes, les jarrets vigoureux, bien descendus et non clos.

Une large tache couvrant un œil est admise.

Le quartier de derrière doit être plus puissant que l'avant-train.
Défauts : cuisses faibles, trop plates, jarrets trop droits, serrés des ergots, croupés de mulet.

Pieds

Les pieds doivent être assez courts, compacts, les doigts serrés, bien feutrés de poils, les ongles gros et courts, la soie dure et résistante.

Les pieds ne doivent pas être déviés ni en dehors ni en dedans.

Défauts : pieds larges, écrasés, doigts trop longs, écartés, déviés en dedans, sole trop épaisse ou molle.

Queue ou fouet

Attachée presque sur la ligne du dos, de longueur moyenne, ne dépassant pas le jarret, portée plutôt basse que haute, sans déviation latérale, légèrement incurvée en forme de faux renversée, les soies de la bannière ou franges ne doivent pas commencer à la racine de la queue, mais seulement 2 ou 3 centimètres plus bas et augmenter de longueur au milieu pour aller en

diminuant graduellement jusqu'au bout. Les soies doivent tomber en franges droites ou légèrement ondulées, jamais bouclées ou frisées.
Défauts : mal plantée, déviée à droite ou à gauche, portée trop haut, dépourvue de franges, soies enroulées ou frisées.

Poil et soies

Le poil doit être fin, soyeux, brillant, très ras sur la tête, à l'exception des oreilles. Il ne doit jamais être bouclé et surtout frisé, on l'admet que très légèrement ondulé, il forme de larges ondes plates mais un poil complètement plat est particulièrement apprécié. Développé à la partie antérieure du cou, il forme une légère collerette et doit former également à la partie postérieure des quatre membres et des fesses de longues franges.
Défauts : poil frisé ou trop ondulé, gros, dur, terne, trop court, trop rare, franges trop courtes.

Couleur

La couleur du Setter anglais est très variable, on admet le noir et blanc, le blanc et citron, le blanc et orange plus ou moins vif, le blanc et marron, le tricolore, noir-blanc et feu, le noir zain. Les robes unicolores blanches, soie, rouge et orange, citron existent, mais sont peu recherchées. Les mouchetures peuvent être plus ou moins nombreuses et les taches plus ou moins larges. Une large tache (tape à l'œil) couvrant un œil est admise.

Taille

La taille varie pour les mâles de 58 à 62 centimètres et de 55 à 60 pour les femelles.

Apparence générale

Le beau Setter anglais actuel doit être un chien joignant la puissance sans lourdeur à l'élégance des formes ; son

Bel exemplaire de Setter tricolore, noir-blanc et feu

Le port de tête est dans le prolongement de la ligne du dos ou légèrement au-dessus.

aspect doit dénoter son aptitude au travail, il doit se présenter gaiement, franchement et porter beau, ce qu'on appelle avoir de la branche.

Échelle de points

Crâne, mâchoires, tête en général	10
Truffe	4
Oreilles, yeux	4
Cou	6
Poitrine et coffre	16
Jambes de devant et épaules	6
Dos et rein	12
Hanches et cuisses	12
Pieds	8
Queue	5
Poils, soies et couleurs	7
Taille, symétrie, apparence générale	10

Le standard de travail

(Édité par la SCC et publié par la revue officielle du Club du Setter anglais, n° 45, juillet 1993.)

Le *galop* est ample, aisé, élégant, rapide, ni nerveux ou impétueux, mais fluide et souple, rasant et près de terre. Le dos demeure horizontal, apparemment immobile. La queue est portée

Le galop est fluide et souple, rasant de près le sol.

dans le prolongement de la colonne vertébrale, sans fouailler, avec tendance à être basse, en forme de cimeterre. Dans les changements de direction, elle peut servir de balancier. Dans les changements d'allure, elle peut varier d'altitude, notamment se relever dans les ralentissements.

Le *port de tête* est dans le prolongement de la ligne du dos ou légèrement au-dessus.

Chez les sujets ayant un port de tête légèrement « en marteau », ce défaut devient véniel et purement inesthétique si l'excellente position du cou compense. La tête est mobile et toujours à la recherche d'émanation pouvant entraîner un changement de direction.

La *quête* du Setter anglais est naturellement croisée, ample, permettant une exploration subtile du terrain. Le dressage permet d'amplifier son étendue. La quête du Setter anglais n'est pas rectiligne ou rigide. Elle relie, en serpentant légèrement avec facilité et intelligence, les deux points extrêmes des lacets.

L'*arrêt*. Lorsque le Setter anglais entre dans le champ d'une émanation, tout son corps s'abaisse encore plus près du sol. Seules sa tête et sa truffe restent hautes et au-dessus de la végétation. Il remonte alors dans le cône de l'émanation, parfois par petites foulées rapides et saccadées, le plus directement possible, en ralentissant son allure, prudent et soupçonneux, mais muscles

Setter à l'arrêt

contractés par une tension extrême, tel un félin cherchant, par cette action insidieuse, à s'approcher au plus près du gibier. S'il se rend compte de l'absence du gibier, il reprend alors sa quête et son galop habituels. Si, en revanche, il s'assure de la présence du gibier, il ralentit de plus en plus et se tétanise à l'arrêt, le masque expressif, l'œil étincelant, la queue tendue suivant la ligne du rein, mais plus haute et un peu plus arquée que dans le galop. Si la remontée du point est longue, l'arrêt peut être haut car amorcé de très loin. En revanche, une émanation plus proche et plus subite provoquera un arrêt beaucoup plus rasant et près de terre. L'action féline, basse et rampante, s'observe particulièrement en terrain découvert lorsque le Setter anglais a peur d'être vu du gibier. Par vent favorable dans une végétation suffisamment développée, l'arrêt peut être debout avec des articulations à peine fléchies.

Le *coulé* est une des caractéristiques de la race. Quand le gibier se défile en piétant (ou après l'arrêt sur ordre du conducteur), le Setter anglais le suit (ou s'en approche) dans une reptation exceptionnelle concentrant toute sa volonté à ne pas perdre le contact afin de le bloquer (ou de le faire voir), tel un félin.

Le *patron* du Setter anglais est à l'image de sa personnalité : fluide, souple et souvent dans le style de ses arrêts.

Setter s'apprêtant à bondir sur le gibier

Comment comprendre son chien et s'en faire comprendre ?

par le professeur M. Verga

La variété de signaux que les chiens utilisent est remarquable, tant avec d'autres chiens qu'avec l'homme : signaux vocaux, comme gémir, aboyer ou grogner ; signaux visuels, comme se baisser sur les pattes arrière pour inviter au jeu, ou baisser les oreilles et la queue en signe de crainte, ou encore remuer la queue et tout le corps avec enthousiasme, dans l'attente d'une friandise ou d'une belle promenade. Tous ces signes, et beaucoup d'autres, comme les signaux olfactifs transmis surtout par l'émission d'urine, font partie d'un « langage » qui est le système de communication propre à chaque espèce. Effectivement, à l'intérieur de chaque espèce, les animaux communiquent entre eux par des messages qui leur sont propres.

Le chien est une espèce riche en signaux de communication.

RÔLE DE LA QUEUE SELON CERTAINS AUTEURS

Elle pourrait être :

a) un signal social ou sexuel, dans la mesure où elle couvre et découvre la zone anale et génitale, la cachant ou la montrant aux autres pour éveiller leur attention ;

b) un signe du rang social de l'individu à l'intérieur de la meute, dans la mesure où l'intensité et l'ampleur du battement de queue peut indiquer le contrôle de son émotivité par l'animal.

Communiquer... pourquoi ?

Le langage est évidemment signe d'un certain niveau de sociabilité, c'est-à-dire du développement d'une vie sociale au sein de laquelle chaque individu trouve sa place et son rôle par rapport aux autres. Système avantageux, tant pour l'individu que pour le groupe. C'est en effet grâce aux indications du groupe que l'individu trouve la possibilité de se nourrir et de s'accoupler, c'est-à-dire de survivre et de se reproduire. Quant au groupe, il reste cohérent sans que ses membres luttent continuellement entre eux.

De plus, la communication entre les membres d'un groupe social permet une défense plus assurée contre le danger qui est signalé rapidement, même à distance, par des messages sonores.

Le chien fait partie des espèces très développées socialement, étant en l'occurrence une espèce riche en signaux de communication, surtout visuels, sonores et olfactifs.

Les messages de la tête

Les expressions de la tête sont fondamentales dans le langage canin, particulièrement chez les races qui peuvent

Un regard attentif accompagné d'un battement de queue : ce chiot de 3 mois a très envie de jouer !

modifier la position des oreilles. Celle-ci, ainsi que celle des lèvres, nous révèle les intentions du chien. En résumé, on peut retenir les points suivants :

- un regard fixe et attentif, la pupille rétrécie, accompagné quelquefois d'un grognement sourd et d'un léger hérissement du poil du dos sont des signes de menace ;
- un regard bas et fuyant est signe de timidité, mais s'il sous-entend la peur véritable, il peut devenir un signal d'attaque ;
- un regard attentif, accompagné d'un battement de queue, d'un aboiement et d'une inclinaison du corps vers l'avant, peut signifier « veux-tu jouer avec moi ? » ;
- un regard languide et « parlant », presque implorant, le chien pouvant être assis et avoir l'eau à la bouche signifient tout simplement que le chien attend patiemment sa pâtée ;
- un regard absent, une position apathique et une faible réaction à son entourage peuvent indiquer la maladie, d'origine physique ou nerveuse ; parfois, un tel regard précède de réelles crises de nerfs qui peuvent entraîner des réactions très agressives et absolument imprévisibles, pouvant même être dirigées contre l'homme.

Ce que perçoit le chien

Certains sont convaincus que le chien perçoit si une personne a des intentions amicales ou un sentiment de crainte, etc. En réalité, l'animal peut montrer qu'il a compris des messages transmis par l'homme, ne serait-ce que par la position de son corps.

Les messages du corps et de la queue

Le corps du chien, dans son ensemble, est capable de transmettre un « discours », que ce soit en changeant de posture ou en hérissant le poil jusqu'à donner l'impression qu'il a augmenté de volume. Le principe général est simple : plus la pose est imposante (oreilles dressées, poil hérissé, station debout), plus elle montre une domination sur l'environnement, y compris sur les autres chiens et les hommes ; à l'inverse, plus la pose est humble (queue entre les jambes, oreilles basses, position rampante), plus l'intention du chien est de se montrer soumis, vaincu, ou « amoureux » dans le cas d'un mâle courtisant une femelle en chaleur.
La signification du battement de queue n'est pas encore très claire : nous comprenons tous le message de notre chien quand il arrive vers nous en remuant la queue avec sa laisse, sa gamelle ou sa balle dans la gueule, et nous l'interprétons comme le désir

Quelques règles de communication avec le chien

- Le chien est un animal « social » : son comportement est déterminé par ses caractéristiques d'espèce et de race et par le milieu dans lequel il vit, de l'âge de chiot à celui d'adulte. Pour lui donner une éducation correcte et afin d'obtenir un animal équilibré, il faut communiquer avec lui et comprendre ses messages, dès qu'il est chiot, car c'est surtout dans cette première période de sa vie qu'il a le plus de capacités d'apprentissage.
- Si vous voulez « soumettre » votre chien (à condition d'avoir d'abord établi votre « domination » sur lui), prenez-le par la peau du cou comme le fait la mère avec ses chiots.
- Regarder un chien dans les yeux est un signe de défi.
- Des stimulations particulières, tels des chapeaux, des uniformes, des tenues hors normes, comme la blouse du vétérinaire, peuvent provoquer des réactions de fuite ou d'agressivité chez le chien non habitué.
- Parfois, le chien peut mal réagir même à des stimulations apparemment neutres, du moins à nos yeux. En général, cela arrive parce que l'animal associe ces stimulations à des expériences particulièrement négatives ou traumatisantes vécues auparavant.
- On ne doit pas s'approcher d'un chien inconnu les bras levés, en gesticulant ou en battant des pieds.
- Chaque commandement d'obéissance doit être donné avec un message sonore et visuel toujours égal. Si plusieurs personnes s'occupent du même chien, il est important que toutes lui donnent des signaux concordants et que toutes aient les mêmes réactions face à ses comportements.
- Les récompenses ou les punitions (pas trop violentes !) ne sont efficaces que si elles sont immédiates et non données quelques heures ou même quelques minutes plus tard.
- La communication entre l'enfant et le chien est en général spontanée et réciproque ; toutefois, il vaut mieux contrôler, surtout au début, leurs rencontres afin d'éviter de désagréables malentendus, de part et d'autre.

d'aller en promenade, d'avoir à manger, ou de jouer avec nous.

Cependant, le chien remue la queue, même dans des situations de rivalité avec d'autres chiens, avec une signification agressive. Ce comportement se manifeste d'ailleurs déjà chez le chiot durant la tétée et, en général, quand il est en compétition avec ses frères. Chacun peut, d'un mouvement de la queue, signaler sa présence, en répandant son propre signal olfactif qui, comme on le verra plus loin, est un autre système de communication important.

Le battement de queue dans l'attente du jeu ou d'une récompense est un signal infantile que le chien adulte gardera envers ses semblables et l'homme.

On observe que, durant la tétée, le chiot remue déjà la queue.

QUE DIT LE CHIEN LORSQU'IL « PARLE » ?

Les messages sonores sont largement utilisés par le chien pour communiquer, y compris sur de grandes distances. On connaît les chœurs qui se déclenchent aux heures les plus impensables quand, alors qu'on dort du sommeil du juste, les chiens de tout le voisinage se signalent mutuellement un bruit suspect ou simplement le passage de quelqu'un. Et on connaît aussi l'aboiement furieux de certains chiens qui signalent ainsi à leur propriétaire que quelqu'un s'approche de la maison ; ceci est naturel en tant que système de défense de son territoire par le chien, mais quelque peu fastidieux pour le propriétaire, autant que pour ses voisins !

C'est toutefois l'un des buts de la communication sonore : signaler un danger au groupe, de manière à pouvoir préparer la défense immédiatement.

Les messages transmis par des émissions sonores varient suivant le type de voix utilisé :

- le chiot signale à sa mère qu'il a froid, faim ou besoin de soins en gémissant ;
- le sujet adulte signale à ses compagnons en aboyant qu'il faut être attentif au danger ou à une proie ;

– le mâle signale à la femelle, par une série de sons variés, son ardeur amoureuse.

Comment communiquer oralement avec son chien ?

Beaucoup pensent que le chien « comprend » la signification des mots les plus variés et des discours les plus complexes, au point de pouvoir instaurer avec lui un véritable dialogue, que ce soit pour le récompenser ou pour manifester son désaccord. La seule certitude, c'est que le chien apprend à associer un signal donné à son comportement : par exemple, il peut associer le mot « viens » au fait de s'approcher de nous et au fait de recevoir une récompense ; ou encore le mot « assis » au fait de s'asseoir devant nous pour recevoir immédiatement une caresse accompagnée d'un « c'est bien » ; ou les mots « va-t-en » en réponse à sa tentative de grimper sur notre divan préféré, suivi d'un « non » de désapprobation.

À travers de telles associations, on instaure ce qu'on appelle l'« apprentissage par conditionnement », c'est-à-dire que le chien apprend qu'il y a une relation entre un certain signal sonore et son comportement. Peu importe le mot-signal correspondant à chacun des messages que nous voulons transmettre, l'important étant d'utiliser toujours le même mot pour chaque message, sur le même ton et en faisant les mêmes gestes. Sans cela, le chien serait dérouté et on ne pourrait plus attendre de lui qu'il comprenne des signaux différents et y obéisse, même s'ils veulent dire la même chose.

Le sujet adulte signale à ses compagnons en aboyant qu'une proie n'est pas loin.

Quand le chien aboie sans raison...

Il arrive souvent que le chien tente littéralement d'assourdir son entourage en aboyant sans cesse et on entend des propriétaires désespérés dire : « Je ne sais plus ce qu'il faut lui donner ou lui

Le chien apprend à associer un signal donné à son comportement.

dire pour le faire taire ». Mais lorsqu'on sait qu'aboyer est pour le chien un système de communication, il est logique de constater que notre attention et notre réponse, loin de faire taire le chien, l'encouragent à aboyer. C'est donc au propriétaire de faire la différence entre l'aboiement « motivé » et l'aboiement inutile. Il faut prêter attention au premier et ignorer le second, pour que l'animal puisse remarquer quand son système de communication est approuvé ou non. Par exemple, si votre chien aboie longuement après vous avoir apporté sa balle, ne pensez pas qu'il arrêtera si vous le faites jouer, car il recommencera très vite. Si, en revanche, vous lui apprenez à obéir à un commandement de silence, alors vous pourrez lui lancer la balle pour jouer avec lui, en le récompensant de son silence.

Les signaux olfactifs et la marque du territoire

Si vous avez un chien mâle, vous avez sans doute remarqué que, durant les promenades quotidiennes, si d'autres chiens sont présents, et surtout si vous allez dans un endroit peu familier, sa première préoccupation est de « marquer » d'urine tous les objets verticaux présents : arbres, roues d'automobiles, angles d'immeubles, etc. De cette manière, votre chien signale aux autres chiens sa présence et indique qu'il est éventuellement prêt à s'accoupler avec les femelles disponibles. Le message olfactif est basé sur l'émission d'odeurs à travers l'urine, la matière fécale, la salive et certaines glandes ; dans les périodes de chaleur, des « phéromones » sont émises. Ce sont des sécrétions dont l'odeur particulière indique la disponibilité pour l'accouplement.

Le marquage du territoire est plus intense de la part des animaux « dominants », qui affirment de cette manière leur position. Un tel comportement peut être réduit par la castration.

Un chiot nouvellement admis dans le milieu familial fera forcément quelques bêtises dans la maison avant d'être propre.

Le fait de creuser des trous dans le sol peut également être un système de marquage du territoire.

Lorsque le chien salit la maison

Ce comportement pénible est caractéristique d'un chiot à peine introduit dans le milieu familial et va en diminuant, jusqu'à disparaître lorsque l'animal, après une éducation adéquate, a appris qu'il ne doit « salir » qu'à l'extérieur du milieu domestique.

Si un tel comportement dure, il peut être le signe d'un état pathologique (le chien malade ne peut se retenir) ou d'une mauvaise éducation ou encore d'un trouble du comportement. Le « syndrome de l'abandon » en est un exemple, quand le chien ne salit la maison que lorsqu'il est seul.

L'urine « de soumission » est un cas particulier : le chien urine en plus ou moins grande quantité, par exemple au retour de ses maîtres, après être resté seul, ou quand il a été réprimandé ou encore lorsqu'il est particulièrement agité. C'est un phénomène émotif, qu'on ne résout jamais en punissant : comme pour les cas précédents et pour tous les problèmes de comportement, il est nécessaire de rechercher et de comprendre ce qui est à l'origine du trouble.

Une fois exclue toute cause pathologique, on peut intervenir pour modifier le comportement de l'animal, si possible de manière durable et définitive.

Quel que soit le comportement qu'adopte votre chien, n'oubliez jamais qu'il est toujours motivé par une raison bien précise : la punition ne résoudra donc rien s'il s'agit d'un comportement négatif. La responsabilité du maître est de comprendre pourquoi un chien agit de telle ou telle façon, et non de baisser les bras en espérant que cela passera.

Chiots âgés de 3 mois

La reproduction

par le professeur L. Guidobono Cavalchini
et le docteur C. Cristofalo

La décision d'accoupler son chien doit être mûrement réfléchie. Cela nécessite des connaissances spécifiques qui découlent d'une bonne préparation et d'une expérience solide.
Si l'on n'est pas suffisamment préparé, il vaut mieux se fier aux conseils d'éleveurs expérimentés et sérieux. Il est nécessaire d'évaluer les sujets individuellement, mais aussi de connaître leur généalogie et les résultats des précédents accouplements.

Faire reproduire ses chiens n'est pas un choix à prendre à la légère.

COMMENT S'APERCEVOIR DES CHALEURS ?

- Elles durent trois semaines environ, avec des variations individuelles notables.
- Le comportement de la chienne change : elle devient nerveuse et irascible avec des fugues fréquentes et imprévisibles, à la recherche de mâles.
- Elle joue volontiers avec d'autres chiens, mâles ou femelles, ainsi qu'avec ses maîtres, en imitant l'accouplement.
- Elle urine fréquemment mais très peu à chaque fois, et souvent en levant la patte, comme les mâles.
- La vulve s'élargit et la chienne se lèche fréquemment.
- Elle a de légères pertes vaginales sanguinolentes pendant les neuf ou dix premiers jours.
- L'ovulation a lieu entre le dixième et le quatorzième jour, et la femelle accepte alors le mâle.
- On observe cependant une grande variabilité selon les individus.

L'ACCOUPLEMENT

Les reproducteurs doivent évidemment être sains et ne pas transmettre d'anomalies héréditaires (dysplasie de la hanche, cryptorchidie, ectropion, entropion, surdité, cécité, atrophie progressive de la rétine, etc.). Ils doivent, en outre, présenter des caractéristiques morphologiques et un caractère franc et équilibré.

Affronter la gestation, la mise bas et surtout l'élevage et le sevrage des chiots peut être une expérience émouvante et agréable à condition d'être prêt à faire des sacrifices, d'avoir du temps et de disposer d'un lieu adapté. Il est en outre nécessaire de prévoir suffisamment à l'avance à qui l'on donnera les chiots sevrés et de quelle manière.

Le chien est une espèce dont les chaleurs et l'ovulation se manifestent en moyenne tous les six mois, mais avec une amplitude très variable (de cinq à douze mois) dépendant autant de l'individu que de la saison. Les chiens sauvages ne sont en chaleur qu'une fois par an en moyenne.

LA FEMELLE

La chienne est en chaleur pour la première fois à l'âge de huit à douze mois, mais il vaut mieux ne la faire saillir qu'à partir des deuxièmes ou troisièmes chaleurs, car l'organisme n'est pas encore complètement mûr et une grossesse pourrait en compromettre le bon développement. Les chaleurs se manifestent durant toute la vie de la femelle

Appareil génital de la chienne

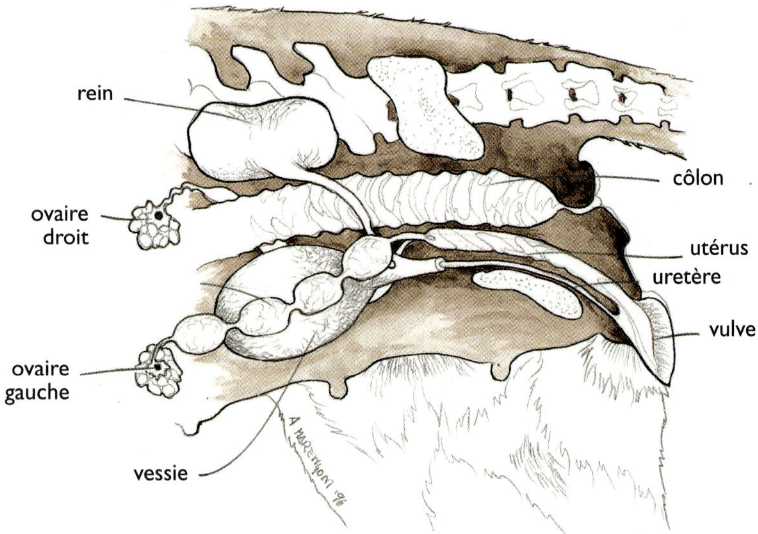

Les mâles atteignent leur maturité sexuelle vers 8 à 12 mois.

qui n'est jamais ménopausée ; elles ne cessent donc pas avec la vieillesse. Il vaut mieux ne pas accoupler la femelle à chaque période de chaleur. Une fois sur deux est une bonne moyenne, de façon à laisser un temps suffisant entre deux grossesses. On déconseille l'accouplement aux chiennes à partir de sept ou huit ans.

Les différentes étapes physiologiques du cycle reproductif sont influencées par de complexes variations hormonales.

La femelle n'accepte le mâle que pendant la période de l'œstrus, généralement entre le dixième et le quatorzième jour, même si on trouve des femelles qui acceptent le mâle pen-

APPAREIL GÉNITAL DU CHIEN

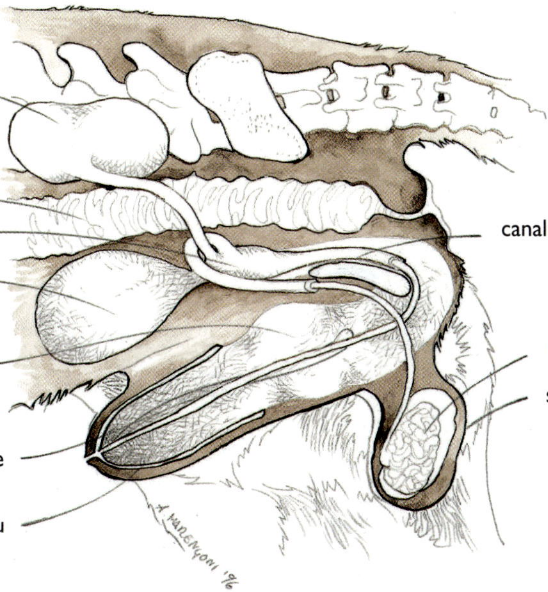

dant plusieurs jours et d'autres pour un bref laps de temps : un jour ou même moins.

En général, une fois fécondée, la femelle n'accepte plus le mâle. Il est possible de repérer la meilleure période pour l'accouplement à l'aide d'un examen microscopique d'un frottis vaginal ou d'une analyse du progestérone.

Le mâle

Les mâles atteignent également la maturité sexuelle vers huit à douze mois, mais il est préférable d'attendre l'année suivante pour les accoupler. Ils sont attirés par l'odeur des femelles qu'ils réussissent à percevoir à des distances considérables. Le mâle est fécond toute sa vie si on l'accouple régulièrement ; en revanche, un chien n'ayant jamais sailli avant quatre ou cinq ans pourra difficilement se reproduire plus tard.

Déroulement de la saillie

Généralement, c'est le mâle qui est amené à la femelle au moment où elle se laisse saillir. Le moment le plus favorable peut être mis en évidence par des analyses, mais aussi par le comportement de la femelle qui,

Un accouplement indésirable peut-il avoir des répercussions sur les portées futures ?

C'était une théorie courante au début du siècle, mais elle est aujourd'hui totalement réfutée grâce aux connaissances biologiques actuelles.
Selon cette théorie, une chienne qui se serait malencontreusement laissée « séduire » par un bâtard en supporterait les conséquences négatives jusque sur les portées suivantes.
Il n'y a aucune raison de s'inquiéter : chaque grossesse est le résultat d'un accouplement et ne peut être influencée que par le mâle de cet accouplement précis.

La même portée peut-elle avoir plusieurs pères ?

Il est toujours possible qu'une chienne soit fécondée par plusieurs étalons durant la même période de chaleurs.
En fait, il est possible que plusieurs ovules soient fécondés par les spermatozoïdes d'un mâle et d'autres par ceux d'un deuxième mâle.
Cela peut arriver car la durée de vie d'un spermatozoïde dans l'appareil génital féminin est relativement long. C'est cependant plutôt rare et, de toute façon, chaque ovule ne peut être fécondé que par un seul spermatozoïde.
Il faut cependant être vigilant, même après l'accouplement, pour éviter à la chienne de « mauvaises fréquentations ».

lorsqu'elle accepte le mâle, déplace sa queue sur le côté, surtout si on la touche sur le dos. Certaines femelles sont plus calmes, même en présence de mâles inconnus, alors que d'autres, plus nerveuses, ont besoin de temps pour pouvoir « faire connaissance ».
La phase préliminaire est caractérisée par la cour du mâle et par des jeux rituels. Les deux chiens se reniflent et se lèchent jusqu'à ce que la femelle laisse le mâle la chevaucher (saillie) et permette ainsi leur union (copulation).
Il arrive que la femelle refuse le mâle de manière énergique et même agressive ; c'est souvent parce que la période n'est pas la bonne, mais la chienne peut aussi, de cette manière, exprimer un problème de comportement. Chez les jeunes sujets, il est parfois nécessaire d'aider le mâle et de retenir la femelle, mais il est toujours

Plusieurs accouplements sont-ils néfastes ?

Une idée fausse est répandue : croire qu'une femelle ayant été accouplée plusieurs fois pendant plusieurs jours peut avoir des ovules fécondés à des moments différents. Cela entraînerait la naissance de certains chiots à terme et d'autres de façon prématurée. C'est une croyance sans fondements biologiques car l'ovulation est provoquée par des stimulations organiques précises et se produit rapidement.

Chez les chiens sauvages, il est normal que les accouplements se répètent plusieurs fois, tant que la femelle accepte le mâle, et cela ne nuit en rien à une grossesse normale. En répétant l'accouplement sur vingt-quatre à quarante-huit heures, on augmente la probabilité de fécondation.

préférable que les chiens aient tout leur temps pour une saillie naturelle.

Durant la saillie, le pénis pénètre dans le vagin, puis le mâle quitte le dos de la femelle et se retourne, sans se détacher d'elle, grâce à une particularité anatomique. Le pénis fléchit d'environ 180° et les deux chiens restent ainsi pendant quinze à vingt minutes, mais ce temps peut varier de cinq à quarante-cinq minutes selon les individus. Pendant cette deuxième phase, le mâle éjacule. Le volume du pénis diminue et le mâle et la femelle peuvent alors se détacher. Une séparation violente pourrait provoquer des lésions aux organes génitaux.

Il est donc nécessaire que deux personnes assistent à la saillie, dans l'éventualité où il faudrait retenir les deux sujets et empêcher ainsi une séparation trop brusque. Un rythme de deux ou trois accouplements toutes les vingt-quatre heures est conseillé.

Au cas où l'on ne réussirait pas à accoupler deux chiens, la fécondation artificielle reste possible.

La gestation

Elle dure en moyenne de soixante à soixante-trois jours. Mais il est difficile de savoir avec précision à quel moment se produit la fécondation des ovules, car les spermatozoïdes peuvent vivre assez longtemps dans l'appareil génital féminin. On a vu des cas de gestation durant cinquante-deux à soixante-douze jours après l'accouplement. Il est judicieux de noter les dates de chaque accouplement. Chez le chien, la fécondation de l'ovule ne se produit pas immédiatement après l'ovulation mais a besoin d'une période de maturation de deux à trois jours.

Pendant le premier mois de gestation, la femelle ne montre pas de signe par-

Lorsque le terme approche, la chienne est inquiète ; votre présence la rassurera. (© Simon-Vedie/Cogis)

ticulier. C'est seulement à partir du second mois que l'on remarque la prise de poids abdominale. Au cours de la grossesse, le poids peut varier de 20 à 55 %. En période de gestation, une chienne a besoin d'exercice physique, avec au moins une promenade quotidienne ; il vaut mieux éviter cependant les efforts trop violents et les sauts. Pendant le deuxième mois, le régime alimentaire doit être amélioré et on peut donner deux repas quotidiens, en veillant à ce que la chienne ne grossisse trop.Une semaine avant l'« heureux événement », il faut préparer une caisse de mise bas.

La mise bas

Lorsque le terme approche, la femelle est inquiète, creuse des trous et cherche un « nid ». La veille, elle ne mange pas et, les douze à vingt-quatre heures précédant la mise bas, sa température rectale chute d'un degré centigrade.

Il est donc bon de surveiller la température pendant quelques jours, toujours à la même heure, et de la noter. Il faut que la chienne ait un endroit où mettre bas. Elle doit avoir à sa disposition un endroit écarté et tranquille, une caisse de mise bas : on peut prendre une caisse en bois, avec des dimen-

Diagnostic de la grossesse

- Il s'effectue entre le vingtième et le vingt-cinquième jour après l'accouplement, par palpation abdominale, avec cependant une grande marge d'erreur qui dépend de la masse de l'animal, de son poids et de la possibilité que l'on a de palper son abdomen.
- À la même période, une échographie permet de relever les formations embryonnaires et le battement cardiaque des fœtus.
- Après quarante-six à cinquante jours, une radiographie permet de voir la formation osseuse des fœtus.
- Il n'existe pas, comme pour d'autres espèces, de tests rapides.

sions variables selon le poids de la chienne. Pour un chien de taille moyenne, elles sont de 80 x 100 cm, avec des bords de 30 à 40 cm. On peut également disposer à l'intérieur, à 20 cm de hauteur environ, un rebord intérieur pour éviter que la mère n'écrase ses chiots. On peut clouer une moquette au fond, mais il faudra la changer régulièrement. Durant l'hiver, en l'absence de chauffage, on peut mettre au-dessus une lampe à infrarouges, en faisant attention à ne pas trop chauffer. Pendant la mise bas, la chienne doit être le plus au calme possible. Elle n'a en général pas besoin de l'aide de l'homme, mais il vaut mieux la surveiller.

Les chiots se présentent généralement par la tête, les membres antérieurs tendus vers l'avant, mais on rencontre fréquemment la position de siège, sans complications pour la mise bas. En revanche, si le chiot ne présente que la tête ou un seul membre antérieur, la naissance sera difficile ; il ne faut en aucun cas tirer, car les tissus du chiot sont encore très fragiles et pourraient subir des lésions graves. Il suffit de seconder la mère dans les poussées qu'elle effectue à intervalles réguliers. La femelle, surtout lors de la première mise bas et si elle a plus de trois ans, peut avoir du mal à expulser le premier chiot et mettre une heure pour le faire. Chaque chiot est enveloppé d'un sac transparent (l'enveloppe amniotique) que la chienne déchire juste après l'expulsion (il peut aussi se rompre pendant la mise bas) et qu'elle mange. Après avoir rompu le cordon ombilical avec ses dents au niveau de l'abdomen, la chienne lèche soigneusement le chiot pour stimuler sa respiration, puis le pousse vers ses mamelles. Le placenta est alors expulsé avec le cordon ombilical ou cinq à dix minutes après la naissance du chiot, puis il est mangé par la mère. Deux ou trois heures peuvent s'écouler entre chaque chiot, surtout entre le premier et le deuxième, puis

Chienne allaitant ses petits

La mise bas est proche...

- Une à deux semaines avant, les mamelons durcissent et la sécrétion de lait peut commencer, mais elle peut tarder jusqu'à la veille de la mise bas.
- Deux ou trois jours avant, la chienne est plus calme, elle s'isole et mange moins.
- Douze à vingt-quatre heures avant, la température rectale diminue d'environ 1° C. Les muscles pelviens et abdominaux se relâchent. La chienne boit mais ne mange pas.
- Douze à vingt-quatre heures avant, la chienne respire plus vite, elle creuse des trous et ronge des objets : elle prépare une couche où mettre bas.

l'intervalle diminue. Si la chienne est nerveuse, le dernier chiot peut être expulsé dix-huit heures après le premier !

La durée de la mise bas est donc variable. Selon le nombre de chiots et l'état de la mère, elle peut durer quatre à six heures ou se prolonger jusqu'à vingt-quatre heures, sans complications.

Dans tous les cas, si la mise bas dure plus de huit heures, il est préférable de consulter un vétérinaire.

Nombreuse et belle portée de Setters anglais

Durant la mise bas, les pertes sont verdâtres, avec des traces rosées ; elles sont très odorantes sans être putrides. Si, au contraire, elles apparaissent jaunes, purulentes ou malodorantes, elles peuvent signifier une infection de l'utérus qui représente un danger réel pour la mère et les petits. Les mêmes pertes verdâtres peuvent aussi précéder la mise bas et sont dues à la formation d'hématomes consécutifs au détachement du placenta. En cas de difficulté, on peut procéder à une césarienne que le vétérinaire effectue sous anesthésie générale.

Vingt-quatre heures après la mise bas, on doit faire examiner la chienne, surtout si elle a de la température.

Il faut également vérifier que l'utérus évolue normalement.

Dans les jours suivant la mise bas, l'utérus expulse les membranes et le sang coagulé. Si ce phénomène se prolonge, si les pertes sont anormalement abondantes ou odorantes, il faut consulter le vétérinaire.

Si un grand nombre de chiots ont vu le jour, une forme de tétanie peut faire son apparition chez la chienne. Elle est due à une carence en calcium qui est absorbé par le lait qu'elle produit. Après la mise bas, la femelle reste longtemps dans la caisse et il est difficile de l'en éloigner. Il faut être vigilant car elle peut se montrer très agressive envers les étrangers et les autres

chiens : l'instinct la pousse à défendre sa progéniture.
La femelle allaite entre quarante et cinquante jours, jusqu'au sevrage, mais dès le vingt ou vingt-cinquième jour, on peut l'aider avec une alimentation artificielle pour chiots. Durant la lactation, il faut vérifier que les mamelons ne sont pas douloureux et qu'ils donnent tous du lait.

La grossesse nerveuse

Cette pathologie est assez fréquente, y compris chez des chiennes normales. Les symptômes apparaissent deux mois après les dernières chaleurs et rappellent ceux d'une véritable grossesse : faim, soif, inquiétude et même parfois prise de poids abdominale et vomissements.
La lactation apparaît au dernier stade et comporte de sérieux problèmes d'inflammation car il n'y a pas de chiots pour téter le lait. La cause de cette pathologie semble être la production excessive de progestérone.

Chiots affamés tétant leur mère

Le caractère

Pour parler en profondeur du caractère du Setter anglais, un volume entier ne suffirait pas, tant les différents aspects de son caractère sont multiples et concernent les situations les plus variées. Si le Setter est avant tout un chien de travail, né pour la chasse, il n'en est pas moins un compagnon idéal dans la vie quotidienne, à la maison, au sein de sa « famille ».

Un chien né pour la chasse

La chasse est un domaine dans lequel il se distingue parmi les meilleurs, possédant de multiples dons de chasseur et une capacité remarquable d'adaptation à tous les terrains.
Son grand instinct de chasseur, sa capacité d'adaptation remarquable, l'autonomie avec laquelle il sait prendre des décisions, son engagement total dans l'action, font de lui un chien de chasse complet et très mobile dans l'emploi sur différents types de gibier comme sur différents terrains ; son exubérance, toujours tempérée par l'attention qu'il porte à son travail, son caractère entreprenant auquel s'ajoute un grain de fantaisie, lui permettent de donner de très bons résultats dans les épreuves de travail, tant dans le domaine de la chasse pratique que sur les différents types de gibier.
Bien sûr, pour pouvoir apprécier pleinement les grandes qualités de notre ami à quatre pattes, nous ne pourrons pas nous contenter des dons que la nature lui a transmis. Son instinct de chasseur devra être guidé par un bon dressage et un entraînement constant.
Le dressage doit se faire de manière graduelle, dès les premiers mois du chiot, afin de favoriser le développement correct de ses qualités de chasseur. Son caractère exubérant devra quelquefois être réfréné, ses caprices jamais tolérés, et ses erreurs corrigées immédiatement. Le chiot devra s'habituer peu à peu à distinguer une action juste d'une mauvaise, et à se comporter en restant dans les limites que son maître lui a fixées.

Un jeune chien en arrêt : le jeune Setter montre ses talents très tôt.

Fournir un bon dressage au chien consiste à accompagner d'abord et à développer ensuite ses aptitudes naturelles. Ce n'est qu'à cette condition que nous pourrons vraiment apprécier les qualités de notre compagnon et nous divertir avec lui, en partageant des moments inoubliables, en communion avec la nature.

Il ne faut jamais oublier que le Setter anglais est un animal très sensible qui, dans certaines situations, doit être traité « avec des gants », en douceur, car on peut facilement le désorienter en lui donnant un ordre erroné ou en s'y prenant mal, poussé par l'envie d'obtenir des résultats rapides.

Le manque d'expérience pousse parfois le maître à commettre des erreurs qui peuvent compromettre gravement le futur de son chien. Savoir dresser un Setter signifie tout d'abord être capable d'entrer en contact avec lui, puis connaître à fond son caractère, afin de pouvoir éventuellement en corriger les défauts, au bon moment et de manière adéquate.

Un compagnon idéal dans la vie quotidienne

L'autre aspect du caractère du Setter anglais est celui lié à son intégration

Le Setter est un chien profondément gentil et bienveillant.

dans la vie domestique, milieu dans lequel on le trouvera doux, affectueux et quelquefois un peu intrigant.

Le Setter peut vivre facilement en appartement, du fait de son caractère docile et de sa capacité d'adaptation. C'est à la maison qu'il montre le plus son merveilleux naturel : il aime se coucher aux pieds de son maître, devant la cheminée, ou s'asseoir à ses côtés, plongé dans une admiration profonde et un dévouement sans bornes pour lui, sans que cela nuise en aucune façon à ses qualités de chasseur pugnace.

Ceux qui pensent que, pour faire du Setter un bon chien de chasse, il faut l'élever de façon spartiate, commettent une grossière erreur. Le fait d'élever son chien à la maison ne le prive absolument pas de ses qualités de chasseur et de ses instincts naturels ; bien au contraire, son intégration dans la vie de la famille, aux côtés de son maître, ne peut qu'améliorer et consolider le lien privilégié avec celui qui l'accompagnera ensuite sur les terrains de chasse, créant un rapport de compréhension mutuel magnifique entre l'homme et son chien.

La vie en société, au contact de la foule, voire du trafic des grandes villes, ne peut que lui être bénéfique, lui apportant une confiance en lui-même

L'instinct de chasseur du Setter anglais doit être guidé par un bon dressage et un entraînement constant.

plus grande, et contribuant à faire disparaître toute trace de timidité ou de crainte envers ce qui l'entoure.

Bien sûr, les défauts que le chien peut présenter seront toujours un problème, qu'il vive à la maison ou dans un enclos au fond du jardin. C'est pourquoi le biscuit ou la caresse « de récompense » ne doivent pas devenir un geste anodin et gratuit, mais représenter le prix obtenu pour un ordre correctement exécuté.

Le Setter est un chien profondément gentil, fondamentalement bienveillant, faisant entièrement confiance à son maître et il vivra dans la sérénité et la tranquillité que ce dernier saura lui apporter. Dans ses rapports avec les autres membres de la famille, il est toujours extrêmement doux, obéissant et respectueux ; il se montre délicat et affectueux avec les enfants ; il est reconnaissant envers celui qui remplit sa gamelle, mais son véritable modèle, son point de référence, reste son compagnon de chasse.

Sa délicatesse le pousse à se mouvoir délicatement dans la maison, en essayant d'éviter d'engendrer des catastrophes.

Deux futurs chiens de chasse…

Le véritable point de référence du Setter reste son compagnon de chasse.

Lorsque la chasse est fermée et durant les périodes de repos, on peut le voir somnoler pendant des heures, passant d'un angle de la maison à l'autre lorsqu'il est dérangé, avec un stoïcisme parfait. Cela ne veut absolument pas dire qu'il est complètement apathique et dépourvu de tempérament. Il faut plutôt y voir une attitude de gentleman anglais, élégant et compassé : votre chien attend sereinement le jour où il pourra faire usage, sur le terrain, de toutes ses qualités.

Comme s'il savait déchiffrer le calendrier, ou plus probablement averti par les changements subtils d'effluves dans l'air que l'automne apporte, votre chien sortira de sa torpeur en cette saison qui coïncide avec l'ouverture de la chasse. Vous le verrez alors plus éveillé et impatient, observer attentivement tous vos mouvements, votre façon de vous habiller, vos gestes rituels, dans l'attente constante d'un signal, prêt à se lancer derrière vous sur les terrains de chasse, pour y partager avec vous de grands moments de bonheur.

Et c'est bien évidemment sur le terrain que le Setter donnera le meilleur de lui-même, démontrant ainsi que la réputation qui l'accompagne depuis des siècles est plus que méritée.

Le choix du chiot

Si vous vous êtes décidé à acquérir un chiot de Setter anglais, il vous faut réfléchir à ce que vous voulez en faire. Votre choix, en effet, sera dirigé diversement, selon que vous voudrez acquérir un chien qui vous suivra à la chasse, un sujet d'exposition, ou tout simplement un chien de compagnie.

Chien de chasse ou chien de compagnie ?

Si vous voulez utiliser votre chien comme chien de chasse, vous devrez tout d'abord repérer les éleveurs qui sélectionnent des sujets ayant fait la preuve de leurs talents de chasseurs, et qui ne prennent pas seulement en compte l'aspect morphologique. Les capacités et l'instinct de chasseur ainsi que les caractéristiques morphologiques se transmettent au travers de sélections soignées.

Si vous réussissez à localiser les éleveurs qui accouplent leurs sujets dans le respect des règles de sélection, en utilisant pour la reproduction des chiens qui ont fait leurs preuves sur les terrains de chasse tout en étant valables d'un point de vue morphologique, vous aurez toutes les chances d'acquérir un beau chiot, en mesure de vous donner satisfaction à la chasse. Si vous désirez acquérir un sujet d'exposition, assurez-vous que les parents du chiot possèdent un caractère équilibré, mais surtout qu'ils ont déjà donné de bons résultats ou obtenu des titres en expositions de beauté nationales ou internationales. L'éleveur auquel vous vous adressez pour ce genre de chien doit sélectionner des lignées de sang extrêmement typiques.

Enfin, si vos souhaits ne se fixent pas sur les qualités de chasseur ou de morphologie du chien, mais que vous voulez simplement acquérir un Setter à aimer, pour sa compagnie quotidienne, assurez-vous que le chiot provient de parents doux et équilibrés, n'ayant jamais montré d'altérations du caractère. Lorsque vous choisirez votre chiot, et en particulier si vous ne vous adressez pas à des éleveurs reconnus, à la réputation bien assise, il faudra vérifier quelques aspects fondamentaux. Tout d'abord, le chiot doit abso-

Il est souvent difficile de choisir un chiot au sein d'une portée.

lument provenir de parents dûment inscrits au Livre des origines français (LOF) et dotés tous les deux d'un pedigree.

La portée de chiots doit elle aussi avoir été inscrite dans les délais fixés par la Société centrale canine (SCC). Dans le doute, demandez à l'éleveur une déclaration attestant de l'inscription de la portée et son engagement écrit à vous faire parvenir, dès que possible, le certificat d'origines (pedigree) de votre chiot.

L'importance du pedigree est fondamentale, que ce soit pour établir la provenance exacte de votre chien, puisqu'il comporte le nom de ses parents, et de ses ascendants jusqu'à la quatrième génération, ou pour pouvoir un jour le destiner à la reproduction et inscrire ensuite régulièrement ses petits au LOF. En ce qui concerne la couleur, le choix est totalement suggestif. En France, on trouve assez facilement des chiots présentant toutes les couleurs admises par le standard. Même si certains éleveurs se spécialisent dans une couleur de robe particulière, il vous suffira de vous renseigner à l'avance pour repérer l'élevage qui vous intéresse à ce niveau-là. Vous serez sans doute très embarrassé, une

Pour obtenir un chiot qui sera un bon chasseur, vous devez vous adresser à des éleveurs qui accouplent leurs sujets dans le respect des règles de sélection.

fois devant la portée de chiots parmi lesquels il vous faudra en choisir un.
Si vous ne souhaitez pas prendre un chien de chasse ou d'exposition, laissez-vous guider par votre instinct, et choisissez le chiot qui vous a conquis, en vous assurant tout de même qu'il ne présente pas de graves défauts morphologiques, comme l'ectropion, l'entropion, le prognathisme, par exemple, ou de sérieux problèmes de membres ou de mouvement, un corps rachitique ou une monorchidie s'il s'agit d'un bébé mâle.

En revanche, si vous souhaitez acquérir un chien de chasse ou d'exposition, que vous n'êtes pas en mesure de choisir vous-même, faute de connaissances et d'expérience, je vous conseille vivement de faire appel aux conseils d'un expert, si vous en trouvez un auquel vous fier, ou de l'éleveur lui-même, dont l'expérience ne peut être mise en doute.
En ce qui concerne l'âge auquel on peut acquérir le chiot, je pense qu'il doit se situer à l'intérieur de limites assez précises : jamais avant que le chiot n'ait soixante jours, et si possible lorsqu'il est âgé de trois ou quatre mois.
Par exemple, si vous désirez un chien de travail, il vous sera beaucoup plus facile de remarquer, chez un chiot plus âgé, les caractéristiques de comportement et les attitudes typiques d'un bon chien de chasse. De plus, les premiers mois de la vie d'un chiot sont fondamentaux pour la formation de son caractère ; ses relations avec sa mère, qui est son premier guide dans la vie, et avec ses frères et sœurs, compagnons de jeu, l'habitueront à la vie en meute, l'aideront à se socialiser et à acquérir plus d'assurance.
En outre, le chiot, à trois mois, a déjà été vermifugé plusieurs fois et les premières vaccinations ont été effectuées (contre la gastro-entérite, la rage, l'hépatite et la leptospirose), ce qui réduit considérablement les risques de maladies infectieuses, souvent mortelles à cet âge.

Les attitudes typiques d'un chien de chasse se remarquent plus facilement chez un chiot plus âgé.

Mâle ou femelle ?

En dernier lieu, il vous faudra examiner la question du choix entre le mâle et la femelle. À cet égard, je pense que le choix est tout à fait personnel. La femelle est sans aucun doute plus affectueuse, docile et obéissante, et tout aussi active sur les terrains de chasse ; elle est même parfois plus facile à dresser et se montre plus réceptive aux ordres de son maître, justement à cause de ses qualités « féminines ». En revanche, elle présente l'inconvénient du cycle menstruel qui se répétera tous les six mois, avec les pertes qui en découlent et qui peuvent salir un peu la maison si le chien partage votre intimité.

Ce phénomène naturel peut également occasionner quelques problèmes supplémentaires s'il se produit quand la chasse est ouverte, et cela pour plusieurs raisons. D'une part, durant les vingt jours de menstruation, la femelle peut se révéler plus distraite et moins bien se comporter sur le terrain ; d'autre part, elle ne pourra être utilisée en présence de mâles, car ceux-ci seraient complètement distraits de la

Chien de chasse ou chien de compagnie, le Setter anglais s'adapte parfaitement à la vie de son maître.

chasse par les émanations produites par la femelle en chaleur, sans parler des risques d'accouplements indésirables. En compensation, la femelle offre l'immense avantage, si vous le souhaitez, de vous faire vivre la très belle expérience que constitue l'élevage d'une portée de chiots.

Quant au mâle, il se laisse beaucoup plus distraire que la femelle par les odeurs qu'il rencontre sur son chemin, et lève souvent la patte pour marquer ses territoires. En outre, il peut se montrer plus agressif envers ses congénères du même sexe.

Quoi qu'il en soit, tous ces problèmes sont marginaux, car dans la mesure où le Setter anglais demeure un chien extrêmement obéissant et facile à éduquer, à l'aide de quelques règles simples, vous le contrôlerez parfaitement.

L'éducation

Je veux dédier ces quelques pages sur l'éducation du Setter anglais à tous ceux qui approchent pour la première fois cette race magnifique, à ceux qui veulent essayer d'en découvrir les secrets et de pénétrer dans son monde.

L'ARRIVÉE À LA MAISON

Le premier grand changement dans la vie du chiot consiste dans le voyage qu'il va devoir effectuer pour se retrouver dans son nouveau foyer. Il ne s'agit pas d'un grand bouleversement pour vous, mais pour le chiot, cela peut représenter un traumatisme : il va abandonner pour toujours sa mère et ses frères, ses compagnons de jeu et sa première « meute ». Il faut donc rendre le voyage le plus confortable possible, en évitant de le laisser seul sur les sièges arrière de la voiture, enfermé dans une caisse ou, pire encore, dans le coffre de votre véhicule, ce qu'il ne faudra jamais faire, y compris lorsque le chien sera adulte. Lorsque c'est possible, faites-vous accompagner d'un ami qui pourra le prendre dans ses bras et le rassurer durant le trajet.
Une fois achevé ce qui lui semblera peut-être avoir été un voyage interminable, le chiot arrive dans sa nouvelle maison. Vous devez avoir préparé cette arrivée et avoir prévu un endroit de la maison où il sera chez lui.

■ UN ENDROIT BIEN À LUI

Pendant les premiers jours de séparation d'avec leur milieu d'origine, les chiots sont un peu désorientés et dépaysés. Prenez soin de préparer pour votre nouvel ami un petit coin qui lui sera réservé exclusivement, où il pourra toujours se réfugier, se sentir en sécurité et, surtout, donnez-lui toute votre affection et votre attention. Durant les premières nuits passées dans sa nouvelle maison, le chiot pleurnichera sans doute. Soyez indulgent et faites-lui comprendre avec douceur qu'il n'a rien à craindre de sa nouvelle situation. Cela dit, ne vous laissez pas trop attendrir, au point de

Partir avec son nouveau maître signifie pour le chiot abandonner sa première « meute ».

l'emmener dans votre chambre, par exemple. En agissant de la sorte, vous ne résoudrez pas le problème mais le renverrez à plus tard. De plus, vous risquez de retrouver le chien dans votre lit, la tête sur l'oreiller, persuadé que c'est là sa niche normale. Il faut y prendre garde, surtout si vous avez choisi de faire vivre le chiot dans votre maison : il doit y avoir ses espaces bien délimités et s'habituer à respecter les limites et les interdits qu'on lui a fixés.
Les premiers jours de la vie du chiot dans sa nouvelle maison seront ceux de l'exploration et de la découverte : il inspectera tout, soigneusement et méticuleusement, car le Setter est extrêmement curieux et entreprenant.
Si vous avez décidé de ne pas faire vivre votre chien à l'intérieur de votre foyer, mais dans un enclos à l'extérieur, celui-ci doit répondre à des exigences de confort minimales et être assez grand pour le chien. Il doit comprendre un endroit abrité ou une niche, si possible en ciment, et une partie à l'air libre qu'on pourra nettoyer facilement, au jet d'eau, et dotée d'un système d'évacuation d'eau. Pour réaliser le sol de l'enclos, on peut utiliser les matériaux employés pour les étables qui présentent la caractéristi-

Pour apprendre la propreté à votre Setter, la première chose à faire est de l'emmener dehors après chaque repas.

que d'être suffisamment rugueux pour que l'animal ne glisse pas, de ne pas absorber les mauvaises odeurs et d'être assez imperméables pour faciliter leur entretien. Dans la partie couverte, il faut aménager une partie en hauteur, sorte d'estrade en bois, sur laquelle le chien pourra aller dormir en s'isolant du contact humide du terrain, dangereux pour sa santé. Afin d'éviter toute accumulation d'humidité à l'intérieur de l'enclos, le mieux est de le construire dans un endroit ensoleillé, et à l'abri des courants d'air. L'enclos doit être nettoyé régulièrement, plusieurs fois par jour si nécessaire, et désinfecté à l'aide de produits spéciaux, pour éliminer complètement les parasites, puces ou teignes, qui pourraient y faire leur nid.

■ L'APPRENTISSAGE DE LA PROPRETÉ

Si le chiot vit avec vous, dans votre maison ou dans votre appartement, il vous faudra tout de suite lui apprendre à ne pas faire de saletés. La première chose à faire est de l'emmener dehors après chaque repas, puisque le chien a tendance à faire ses besoins après avoir mangé. De cette façon, vous lui

Si vous comptez faire participer votre Setter à des concours, il faudra qu'il s'habitue aux trajets en voiture. (© Hermeline/Cogis)

apprendrez dès le début à associer la promenade et l'ambiance de la rue à ses besoins physiologiques. Une autre méthode, qu'on peut associer à la première, consiste à recueillir ses besoins sur de vieux journaux qu'on disposera toujours au même endroit. Cet endroit deviendra celui où vous souhaitez qu'il aille se soulager, et vous remplacerez régulièrement les journaux utilisés par une nouvelle couche de feuilles propres. Tout d'abord les journaux seront toujours mis au même endroit, puis disposés dans le jardin ou la cour. Bien sûr, si le chiot est pris en flagrant délit de faire ses besoins ailleurs que sur l'endroit autorisé, il faut le réprimander. Mais vous ne devez pas être trop excessif, car le chiot pourrait prendre peur et vous obtiendriez l'effet inverse, c'est-à-dire qu'il ne ferait ses besoins que durant votre absence, et pas forcément au bon endroit.

La promenade en laisse

Il faut commencer assez tôt à travailler la conduite en laisse, indispensable pour que votre chien puisse vous suivre partout. Le chiot doit être habitué très jeune au collier que vous pourrez

Le Setter doit pouvoir répondre immédiatement au rappel de son maître.

lui laisser porter quelques heures par jour. Dans un deuxième temps, vous passerez à la laisse, en associant toujours l'exercice au jeu.
Une fois collier et laisse attachés, invitez le chiot à marcher à vos côtés, en tenant son jouet préféré dans votre main. Les premières fois, il peut arriver que le chiot s'embarrasse de sa laisse et de son collier au point de s'étrangler à moitié. Vous devez être patient, ne pas aller trop vite dans l'apprentissage, et surtout ne pas brusquer le chiot ou employer la manière forte. Au contraire, faites plutôt une pause dans l'exercice, jouez avec lui quelques minutes et réessayez un peu plus tard, sans trop insister sur la durée, en renvoyant la répétition de l'exercice aux jours qui suivent.
En peu de temps, votre chiot aura parfaitement appris et compris la conduite en laisse, et il sera heureux de vous le montrer en vous suivant dès que vous lui ferez signe.

Les trajets en voiture

De même, il faut l'habituer assez tôt aux voyages en voiture, en l'emmenant faire de petits trajets, toujours à jeun,

et en essayant de lui montrer que la voiture n'est ni une punition ni un châtiment, mais plutôt un jeu ou une récompense. Le « mal de voiture » est presque toujours de nature psychologique, une sorte de rejet du véhicule.
Durant ses premiers trajets en voiture, on doit essayer de distraire le chiot, et une fois le parcours terminé, lui laisser faire ce qu'il aime ou ce qui lui fait plaisir, en associant toujours l'utilisation de la voiture à un moment de plaisir.
Cela peut sembler très anodin, mais cet exercice est important car un chien non habitué aux trajets en voiture souffrira durant tous vos déplacements, en bavant durant tout le trajet et en vomissant plusieurs fois. Inutile de dire que ce malaise aura des répercussions négatives lorsqu'il s'agira d'emmener le chien sur les terrains de chasse, même s'il peut reprendre le dessus assez vite.

Le Setter anglais, dès son plus jeune âge, démontre une grande capacité d'apprentissage.

LE RAPPEL AU PIED

Il est également primordial d'habituer le chiot à répondre au rappel, dès son arrivée dans la maison. Le Setter, en effet, à cause de son exubérance naturelle et de sa grande passion pour la chasse – rappelons qu'il s'agit d'un chien de grande quête – peut se soustraire au regard de son maître en prenant trop d'avance sur le terrain, échappant ainsi à toute possibilité de contrôle.
Un exercice utile consiste à emmener le chiot dans un pré pour le faire courir et jouer, puis, au bout d'un certain temps, à l'appeler d'abord par son nom, puis à l'aide d'un sifflet. En même temps que vous l'appelez, baissez-vous en lui tendant une récompense dont il est friand, afin d'attirer son attention. Une fois qu'il vous a rejoint, récompensez-le en lui donnant sa friandise, mais aussi en le caressant et en le félicitant : en moins de temps qu'il n'en faut pour le dire, votre chiot sera dressé à obéir au rappel et vous le verrez accourir vers vous dès que son nom retentira.

Même si ces questions ne rentrent pas dans le dressage plus technique et plus spécifique du Setter anglais, elles n'en sont pas moins importantes pour l'éducation et le dressage de base du chiot. Par le jeu, le chiot présente souvent ses aptitudes innées au travail. Si vous savez déceler ces signaux importants et les développer, toujours au travers du jeu, vous aurez entre les mains un instrument très fiable pour amener votre chiot, de façon graduelle et naturelle, vers les exercices du dressage proprement dit.

Le Setter anglais, dès son plus jeune âge, démontre une capacité d'apprentissage élevée que vous devez exploiter intelligemment, en vous faisant aider, si nécessaire, par des gens possédant une expérience dans ce domaine.

Dans l'éducation d'un chiot, il faut faire montre de constance, de patience et de beaucoup de cohérence. Il est nécessaire d'employer un langage simple et clair, en réfléchissant d'abord à ce qu'on souhaite obtenir du chien qui devra toujours être en relation avec ses possibilités. Si vous réalisez que vous avez exigé de lui quelque chose de trop difficile, n'insistez pas et passez tout de suite à un autre exercice, en évitant absolument de modifier trop souvent vos demandes, car vous risqueriez alors de lui rendre les choses très difficiles. Une règle primordiale de l'éducation du chiot est de le réprimander lorsqu'il fait des bêtises, uniquement si on le prend sur le fait. En effet, si on le punit longtemps après qu'il a commis son méfait, il sera incapable de relier la punition à l'acte, et la réprimande sera totalement inutile.

Rappelez-vous toujours que le Setter anglais, pour offrir le rendement maximum sur le terrain, doit consolider sa relation avec son maître.

Si l'animal vit dans un enclos, en dehors du foyer familial, il ne faut donc pas pour autant négliger de passer du temps avec lui, de le faire jouer et de l'emmener régulièrement en promenade, à la campagne. De cette manière, vous réussirez à créer un rapport d'entente extraordinaire avec votre chien, rapport qui vous sera très utile dans la phase de dressage, et lui rendra la vie en enclos bien plus acceptable.

Constance, patience et cohérence sont les clés d'une éducation réussie.

Le dressage

Le terme « dressage » indique l'ensemble de notions et d'exercices que l'on doit faire acquérir au chien afin qu'il se comporte correctement en toutes circonstances.

Le dressage des chiens de chasse cherche à améliorer leur rendement sur le terrain, en leur donnant une éducation qui entraîne une réponse immédiate aux ordres qui leur sont donnés et finit par leur permettre d'exécuter presque automatiquement une chasse correcte.

Avant le dressage proprement dit du chien de chasse, il faut habituer le chiot à obéir.

Principes généraux

La valeur d'un chien de chasse se mesure donc, outre ses dons naturels pour la chasse, à la qualité de son dressage. En revanche, aucun dressage, aussi scientifique et systématique soit-il, ne pourra faire naître l'instinct et les dons naturels là où ils n'existent pas.

Un bon dressage ne doit pas freiner l'initiative et les qualités innées du sujet sur lequel il s'exerce, pour en faire un espèce d'automate, soumis à son instructeur. C'est pourquoi des méthodes trop autoritaires et violentes sont à bannir, car elles peuvent rendre le sujet craintif ou méfiant à l'égard de son dresseur.

Les chiens les plus réticents peuvent devenir obéissants, grâce à des exercices progressifs. Chaque exercice doit être répété avec ténacité, jusqu'à ce que l'élève soit en mesure d'exécuter l'ordre correctement et automatiquement. Tout le processus de dressage a pour but de développer les qualités innées du sujet, mais aussi de contrôler et de discipliner le comportement du chien sur le terrain, grâce à son obéissance aux ordres qui lui sont donnés.

Les ordres doivent être donnés sans crier mais d'une voix décidée. Ainsi, on habitue le chien à être attentif et on se réserve d'utiliser un ton de voix plus élevé pour le reprendre, lorsqu'il n'exécute pas l'ordre correctement. Un chien bien dressé doit exécuter tout de suite les ordres. Ce résultat ne peut être obtenu que lorsque le chien est en mesure d'associer précisément un ordre verbal à une action. Durant la préparation de l'élève, l'instructeur doit réclamer fréquemment l'obéissance aux ordres. En outre, il doit absolument éviter de donner un ordre que le chien n'est pas en mesure d'accomplir, afin de ne pas perdre de son autorité et de son prestige auprès de son élève.

La première phase du dressage doit s'accomplir dans des endroits où le chien ne risque pas d'être distrait. Ensuite, on pourra aller directement à la campagne, sur des terrains de chasse.

Il faut absolument qu'un exercice bien exécuté soit récompensé, par une friandise, des louanges ou des caresses.

Les différentes études de psychologie animale ont en effet montré qu'il existe un rapport direct entre la récompense donnée et la répétition correcte d'un exercice par le chien. Rappelons que le fait de punir un sujet qui n'a pas encore parfaitement acquis l'exercice ou qui l'accomplit en hésitant est une grande erreur. L'éducation et le dressage du chiot doivent toujours être associés au jeu pour ne pas décourager ses initiatives, mais au contraire les mettre en valeur. Il faut commencer l'éducation du chien dès ses premiers mois, toujours avec modération, car un dressage trop rigide peut conduire l'animal à une trop grande passivité. Felice Delfino, grand dresseur italien, conseille de commencer le dressage proprement

Un chien bien dressé doit exécuter tout de suite les ordres.

dit du chien de chasse entre six et dix mois. Avant, on doit habituer le chiot à obéir, en consolidant particulièrement sa tendance naturelle à répondre au rappel.
La crainte et la méfiance de l'animal qui n'ose pas s'approcher de l'homme peuvent être vaincues tout simplement, en s'agenouillant devant lui, pour se « mettre à sa portée », ou en tenant à la main une friandise qu'il aime particulièrement. Examinons maintenant brièvement les modes d'apprentissage des ordres.

Les ordres de base

Les ordres fondamentaux sont :
« Assis ! », « Viens ! », « En arrière ! », « Va ! », « À terre ! », « Rapporte ! ».

« Assis ! »

En tenant le chien en laisse, on l'oblige à s'asseoir en exerçant une légère pression sur sa croupe et en prononçant l'ordre. Le chiot doit garder cette position quelques instants, puis on lui permet de se relever en disant « Va !».
L'exercice doit être répété jusqu'à ce que l'obéissance à l'ordre soit acquise, en utilisant toujours le système de la récompense.

« Viens ! »

Le chiot doit être appelé par son nom, en accompagnant cet appel par un geste de la main, et en insistant jusqu'à ce qu'il se rende aux pieds de son instructeur. Il doit alors être félicité et récompensé, puis l'instructeur lui fait prendre la position « assis ».
Bien sûr, il faut commencer à l'habituer à répondre à son nom dans un endroit clos.
Ensuite, lorsqu'il répondra correctement à l'appel, on pourra l'emmener dehors, où les motifs de distraction seront plus nombreux.
Si le chiot se laisse distraire et s'abandonne au vagabondage, il faut insister, continuer à l'appeler sans bouger de

Dans un premier temps, le chien doit être tenu en laisse pour apprendre à s'asseoir.

l'endroit où l'on est, jusqu'à ce qu'il laisse tomber toute distraction pour revenir vers son instructeur.

L'aide d'une deuxième personne peut être nécessaire pour que le chien prenne l'habitude de répondre à l'appel. Mais lorsqu'il sera habitué à répondre à cet ordre, on pourra remplacer son nom par un sifflement, un geste, ou l'association des deux. Lorsque l'ordre d'appel est exécuté correctement, il faut toujours récompenser le chiot.

Évitez toutefois d'abuser de ce commandement pour ne pas déranger l'animal plus que nécessaire.

Toute tentative de se soustraire à cet ordre est le signe que le chien n'est pas complètement préparé pour les autres phases du dressage. Je vous conseille donc d'insister sur cet exercice jusqu'à ce que la réponse à l'appel devienne quasiment automatique de la part du chien.

« En arrière ! »

À l'ordre « En arrière ! », le chien doit répondre en cessant toute activité pour aller se placer derrière l'instructeur. Afin de lui apprendre à répondre à cet

L'aide d'une deuxième personne peut être nécessaire pour que le chien prenne l'habitude de répondre à l'appel.

ordre, il faut, le tenant en laisse, l'obliger à prendre la bonne position et, en le contraignant légèrement, à rester quelques instants ainsi, le museau derrière les pieds de l'instructeur.

L'exercice doit être répété régulièrement, jusqu'à ce que l'animal exécute l'ordre correctement. Ensuite, on passe à la phase d'exécution de l'exercice lorsque le chien est en liberté. S'il cherche à revenir devant l'instructeur, on doit lui donner un petit coup sur le museau, avec la laisse, pour l'en empêcher.

Pour contrôler plus facilement le chien, nous vous conseillons, dans un premier temps, de l'emmener sur des terrains délimités par des fossés, des haies, ou en bordure d'un mur.

Le chien doit tout d'abord apprendre à garder cette position durant une courte période, qui deviendra de plus en plus longue, à mesure que les exercices progresseront.

« Va ! »

Cet ordre sert à libérer le chien d'un ordre donné précédemment. On l'utilise après l'appel, après les ordres « Assis ! », « En arrière ! » et « À terre ! ».

Au cours des premières leçons, l'ordre « À terre ! » sera donné en obligeant le chien à se coucher par terre.

Le « Va ! » sert en quelque sorte de permission au chien pour aller là où bon lui semble et bénéficier de la plus complète liberté.

« À TERRE ! »

« À terre ! » et « Rapporte ! » sont les deux ordres fondamentaux dans le dressage du chien de chasse, mais sont aussi les plus difficiles à enseigner au chien.
L'ordre « À terre ! » sert à freiner un chien qui s'aventure trop loin ou à l'empêcher de suivre un gibier au mauvais moment. De plus, c'est le commandement indispensable pour que le chien prenne une attitude correcte au moment de l'envol du gibier et au moment du tir du chasseur.
Étant donné son importance extrême, cet ordre doit être exécuté instantanément, au signe, au coup de sifflet ou au tir du chasseur. Au cours des premières leçons, l'ordre « À terre ! » sera donné en obligeant le chien à se coucher par terre, à l'aide d'une pression de la main sur le garrot. On peut tenir une friandise à la main, de façon que le chien la suive jusqu'à terre.
L'exercice doit être répété plusieurs fois, sans trop forcer le chien à garder la

Habituer le chien au coup de feu

On commet assez fréquemment l'erreur d'emmener un jeune chien à la chasse, en compagnie de sujets adultes déjà dressés, dans le but de lui faire apprendre plus vite les techniques de chasse et de l'habituer aux coups de feu. Cette méthode est extrêmement risquée, surtout si le chien est particulièrement sensible : à l'envol du gibier, le tir du fusil peut le terroriser, le traumatiser de manière irréversible. En effet, le jeune chien associera pour toujours à son arrêt sur le gibier ce bruit terrifiant, ce qui risque de lui faire passer l'envie de chasser jusqu'à son dernier jour. J'ai trop souvent observé, au cours de ma longue expérience de travail avec des Setters anglais, des chiens irrémédiablement perdus à cause d'un mauvais entraînement au bruit du tir.

Le jeune chien doit être progressivement habitué au tir et, surtout, les coups de feu ne doivent jamais pouvoir s'associer, dans son esprit, à une punition. Le meilleur moyen d'habituer le chien au tir est de se procurer un pistolet d'alarme de puissance moyenne, et de commencer à tirer assez loin du chiot, alors qu'il est en train de jouer à l'autre bout du pré, par exemple. Lorsqu'on constate que le chien n'est nullement effrayé par les coups de feu, on s'approche un peu plus. Il ne faut pas insister mais, au contraire, procéder de manière très prudente, lorsqu'on constate que le chien manifeste une certaine crainte au bruit des tirs. Dans un deuxième temps, on passe à l'utilisation du fusil proprement dit, toujours en commençant par tirer à une certaine distance de l'animal, et uniquement lorsque l'attention du chien est retenue par le jeu ou la promenade qu'il est en train de faire. De cette manière, le chien associera au bruit des tirs des sensations très agréables qui déboucheront un jour sur sa vraie passion : la chasse.

position longtemps, jusqu'à ce qu'il comprenne l'ordre et prenne la position de lui-même. Lorsque le chien aura parfaitement compris, on le conduira en promenade et on lui donnera l'ordre « À terre ! », auquel il devra obéir seul, sans qu'on ait besoin d'exercer une pression de la main. Si le sujet désobéit, il faut le tirer par le collier, jusqu'à l'endroit où il aurait dû se coucher, et le forcer à le faire. Certains sujets sont tout à fait capables d'exécuter correctement l'ordre « À terre ! », dans le jardin, dans la cour, à la maison, bref dans des endroits clos, mais ne l'accomplissent qu'à contrecœur en pleine campagne. Dans ce cas, dans les espaces ouverts, on peut utiliser une longue corde, pour obliger le chien à s'arrêter et à se coucher ; le moyen le plus efficace est toutefois de disposer de l'aide d'une tierce personne.

« Rapporte ! »

Le chien peut être éduqué au rapport en utilisant la tendance naturelle du chiot à se saisir de n'importe quel objet lancé par son maître pour le lui ramener. Ce système ne garantit toutefois pas parfaitement le rapport du gibier. Le plus sûr reste l'utilisation de l'ordre « Rapporte ! » qui demande une longue période d'apprentissage.

Durant les premières leçons, on apprend au chiot à rester assis en gardant entre ses crocs un objet durant quelques instants. Puis, en prononçant l'ordre « Rapporte ! », on retire l'objet de la gueule de l'animal et on le récompense.

Setter rapportant la proie à son maître

Par la suite, on demande à l'animal de garder l'objet entre ses dents pendant plus de temps, et on doit vaincre, patiemment, toutes ses réticences à le redonner à son instructeur. La récompense qu'on lui accorde incite d'ailleurs fortement l'élève à lâcher l'objet pour goûter la friandise ! Dans un deuxième temps, l'objet est placé à quelques mètres du chien qu'on invite à aller le chercher, puis à le rapporter. La distance séparant le chien de l'objet est graduellement augmentée.

Lorsque le chien aura compris parfaitement la signification de l'ordre, et qu'il l'exécutera correctement, on lui demandera d'accomplir des parcours accidentés, en tenant l'objet entre ses crocs. Par la suite, on lui fera rapporter des objets de consistance et de poids différents, afin de l'habituer à la prise sur différents gibiers. Une fois cette phase maîtrisée, le chien doit rapporter des morceaux de viande ou toute autre chose comestible, enveloppés dans un chiffon. Ces exercices se dérouleront dans un lieu fermé d'abord, puis en pleine campagne.

Lorsque le chien rapportera fidèlement les morceaux appétissants à son maître, sans avoir essayé de déchirer le paquet, il sera prêt à exécuter le rapport sur le gibier. Il arrive que le chien refuse de rapporter un gibier encore vivant mais, en général, on peut surmonter cet obstacle par des exercices semblables à ceux effectués avec les objets.

En revanche, l'animal ayant « la dent dure », qui mord le gibier plus que nécessaire pour le rapporter à son maître, doit être corrigé vigoureusement. Il faut alors lui ordonner « À terre ! » et le réprimander sévèrement. Le chien doit ensuite recommencer l'exercice : s'il se comporte de façon correcte, il est félicité, sinon, on lui donne à nouveau l'ordre « À terre ! ». L'apprentissage du rapport réclame un travail patient, long et constant, mais c'est un élément primordial pour la chasse. Comme de nombreux dresseurs, je pense qu'il est inutile de dissocier l'action d'aller chercher et de rapporter le gibier en plusieurs ordres, tels que « Va ! », « Cherche ! » et « Donne ! ». Il me semble plus profitable pour le chien qu'il apprenne, dès son plus jeune âge, à associer à l'ordre « Rapporte ! » l'action de chercher, de prendre et de rapporter à son maître.

Le dressage sur les terrains de chasse

Une fois que le chiot aura assimilé le rappel, les ordres « Assis ! », « En arrière ! », « À terre ! » et « Rapporte ! », et qu'il sera habitué aux coups de feu, il sera totalement contrôlable et vous pourrez l'emmener sur les terrains de chasse, où il se mettra en quête et rencontrera ses premiers gibiers.

L'âge auquel on doit commencer le dressage sur le terrain est très variable. Si certains chiens sont particulièrement précoces, montrant dès l'âge de cinq ou six mois un grand sérieux et des dons affirmés pour la quête et l'arrêt, d'autres sujets sont plus tardifs et peuvent à un an préférer encore le jeu et se montrer frivoles et inconséquents sur le terrain.

Toutefois, il ne faut pas se décourager non plus si l'on se retrouve avec un chien de ce genre, car un sujet tardif peut très bien devenir un très bon chien de chasse ou d'épreuves, si l'on sait s'armer de patience et développer ses qualités innées.

Le Setter anglais possède, par sa nature, l'instinct de la quête. Dès

Le Setter anglais possède naturellement l'instinct de la quête.

LA VOLÉE DE PLOMBS

La volée de plombs est malheureusement encore utilisée de nos jours par certains chasseurs ou dresseurs qui pensent ainsi corriger de manière radicale certains défauts de leurs élèves, comme par exemple leur tendance à suivre le gibier en s'éloignant plus qu'il ne faut de leur maître.
Cette « méthode » consiste à tirer sur le chien qui ne répond pas au rappel, d'une distance comprise entre trente et cinquante mètres, alors que le sujet s'éloigne sans obéir aux appels répétés de son maître.
Cette méthode, extrêmement cruelle et barbare, peut de plus se révéler néfaste pour le chien, tant d'un point de vue physique – ce qui me paraît évident – que d'un point de vue psychologique, car un chien sensible peut en être traumatisé au point de ne plus jamais avoir envie de chasser. Mais ce qui m'est insupportable est le raisonnement de base lui-même ! On pourrait le comparer au fait de donner un violent coup sur la tête d'un enfant dès qu'il se trompe à l'école. Ceux qui décident d'appliquer cette méthode pensent faussement qu'ils vont raccourcir le temps d'apprentissage normal d'un jeune chien de chasse, ou bien tout simplement sont incapables de donner à leur chien le dressage de base grâce auquel ils n'auraient pas besoin d'avoir recours à cette barbarie. En effet, les techniques normales de dressage offrent une série de corrections valables pour presque toutes les erreurs que le chien pourrait commettre, à condition que ce dernier soit bien sûr doté d'une faculté d'apprentissage minimale. Il suffit pour cela d'avoir un peu de patience et de savoir communiquer avec son chien, qualités qui nous éloignent fort de la volée de plombs.

qu'on l'emmène se promener à la campagne, on peut le voir inspecter attentivement le terrain, même si ses méthodes sont parfois un peu brouillonnes et désordonnées.
Votre première tâche sera justement de rendre son travail plus rationnel et plus systématique, en lui apprenant à effectuer ce qu'on appelle dans le jargon du milieu des « lacets », c'est-à-dire les diagonales que le chien accomplit pour mieux couvrir l'ensemble du terrain.
Pour initier le chien à cette technique, on peut l'appeler et retenir son attention alors qu'il se trouve devant son maître. Ensuite, on le dirige sur la diagonale voulue, droite ou gauche, en se dirigeant soi-même dans cette direction, de façon que le chien suive.
Une fois une certaine distance parcourue sur cette diagonale, on rappelle le

Le pistage

Le pistage est l'une des actions de chasse les plus spectaculaires du Setter. Le chien l'effectue lorsque le gibier essaie de se soustraire à son arrêt en piétant. Pour garder le contact olfactif avec le gibier, le chien le suit en rampant, en rasant la terre comme le ferait un félin, dans son effort pour ne pas se faire repérer, en faisant de brèves pauses à chaque hésitation du gibier.

Dès qu'il réussit à le bloquer, le Setter prend l'arrêt final – et sa position peut être extrêmement esthétique – en attendant la conclusion de son action : l'envol du gibier.

Pause dans le pistage du gibier

chien et on le dirige sur la diagonale opposée, en courant éventuellement un peu dans cette direction, toujours pour inciter le chien à nous suivre.

Dès que le chien semble bien maîtriser cette technique, on commence à associer au rappel un geste de la main montrant au chien la direction à pren-

LE PATRONAGE, OU ARRÊT À PATRON

Le patronage peut être défini comme une sorte de marque de respect et de confiance du chien envers ses autres compagnons de chasse à quatre pattes.
En effet, le chien montre qu'il consent à l'arrêt marqué par un autre chien qui a rencontré le gibier, en marquant lui aussi l'arrêt, après un bref pistage. Quelquefois, l'arrêt à patron est plus beau et plus spectaculaire que l'arrêt normal.
Souvent, l'arrêt à patron est inné chez le Setter anglais, et il se manifeste lorsque le chiot n'est âgé que de quelques mois. Cet instinct atavique, cette forme de respect de l'autre qui caractérise le Setter, est peut-être la trace de ces siècles de travail effectué en couple et confirme une fois de plus la grande prédisposition pour la chasse, sous toutes ses formes, qui caractérise cette race de chiens.

dre, en le laissant progressivement faire des « lacets », toujours plus amples. Lorsque le chien maîtrise les techniques de quête, on peut s'attaquer à une tâche primordiale : lui faire rencontrer son premier gibier.
Dans la mesure du possible, il faut que les premiers gibiers rencontrés par le chien soient des animaux nés en liberté, ou du moins, suffisamment bien insérés dans le milieu naturel pour ne pas se laisser piéger facilement.
Malheureusement, le gibier à plumes est actuellement élevé trop souvent dans des volières sans végétation, trop petites et trop basses pour permettre aux oiseaux de s'entraîner au vol, et au contact constant de l'homme. Dans cette situation, il perd ainsi complètement l'instinct de fuir, et la ruse dont il devrait faire preuve pour échapper à ses poursuivants.
Ce gibier, bien peu sauvage, n'est pas le plus indiqué pour dresser un jeune chien.
Il peut être très positif de l'aider à capturer un gibier assez « docile », pour stimuler son désir de chasseur et lui faire ainsi connaître la satisfaction d'avoir pris un faisan ou une perdrix grise, en lui permettant de garder sa proie autant qu'il le désire, pour son plus grand bonheur, et son plus grand orgueil ! Toutefois, cela n'est vrai qu'au tout début du dressage d'un jeune chien. Dans un deuxième temps, cela pourrait être tout à fait néfaste, car le chien pourrait finir par associer le gibier à quelque chose de facile à capturer et, de ce fait, négliger totalement l'arrêt sur le gibier.
Donc il vaut mieux éviter que le chiot puisse capturer ce type de gibier.
Mais s'il réussit à se saisir de sa proie, il faut s'abstenir de le punir, car on ris-

Les meilleurs résultats de dressage ne peuvent être obtenus que lorsqu'un bon rapport d'entente existe entre le maître et son chien.

querait de le voir associer le gibier à une expérience négative de punition, et donc de le voir à l'avenir se désintéresser du gibier.

Si cela vous est possible, je ne saurais trop vous conseiller d'emmener votre chiot dans une réserve de chasse bien fournie, où le gibier s'est déjà accoutumé au terrain et est un peu dégourdi, ou du moins d'acheter le gibier auprès d'un élevage sérieux qui sélectionne un vrai gibier et non pas des « animaux de basse-cour ». Durant les premières séances de dressage, il vous faut disposer le gibier par deux ou trois individus, pas trop rapprochés, de façon à offrir suffisamment d'espace de quête au chien d'un gibier à l'autre. Une fois le gibier en position, vous ferez descendre le chien de voiture et vous le conduirez dans la zone à gibier, en prenant soin de le mettre sous le vent, de façon que les effluves de gibier se dirigent vers lui, et non dans le sens opposé.

Les réactions de votre élève à la rencontre avec le gibier peuvent être variées. Certains sujets, une fois leur proie identifiée, se jettent dessus en essayant de l'attraper, d'autre marquent déjà un arrêt.

Quelle que soit la réaction du chien, il convient de le féliciter, ne serait-ce que pour avoir retrouvé le gibier, afin de stimuler son enthousiasme pour la chasse. Ce n'est que dans un deuxième temps qu'il est possible d'apporter les corrections nécessaires.

Si le chien tend à poursuivre trop longtemps le gibier une fois celui-ci envolé, il faut le rappeler pour le diriger hors de portée de tir, et pour le mettre sur une nouvelle piste, une bonne piste.

Le chien comprendra rapidement qu'en suivant ces conseils, sa quête aura un rendement supérieur, et il se convaincra toujours plus de l'importance d'obéir aux ordres.

Tout ce que nous venons d'évoquer ne prétend bien sûr pas être la « recette » infaillible pour rejoindre la perfection, mais entend simplement fournir quelques indications générales sur le dressage, et mettre en évidence la ténacité et la patience nécessaires à l'éducation du chiot, en se rappelant toujours qu'aucun dressage, aussi poussé soit-il, ne peut développer un instinct ou des qualités qu'un chien ne possède pas. Rappelons enfin que les meilleurs résultats ne peuvent être obtenus que lorsqu'un bon rapport d'entente existe entre le maître et son chien et surtout, lorsqu'on sait exploiter et mettre en valeur les qualités innées du chien.

Les épreuves de travail

Les épreuves de travail pour chien de chasse représentent pour certains une sublimation de la chasse et, pour d'autres, un succédané assez pauvre à la chasse proprement dite. En ce qui me concerne, je les vois comme des manifestations spectaculaires, au cours desquelles l'action est souvent poussée à ses limites, et où le chien doit affronter non seulement le gibier, mais aussi des adversaires.

L'un des mérites des fields-trials est de faire appliquer rigoureusement le standard de travail du Setter anglais.

Pourquoi des épreuves de travail ?

Les épreuves de chasse pour chiens d'arrêt représentent une activité technique et sportive plus ou moins voisine, selon les points de vue, de l'activité de chasse pure, et on les appelle également les fields-trials (*field* = champ, *trial* = examen).

En France, le premier field-trial eut lieu à Eschimont, en 1888, et se pratiqua sur perdrix. Il marque le début de l'organisation de compétitions toujours plus nombreuses et riches de participants.

On trouve encore beaucoup de gens qui pensent que les épreuves ne sont qu'un spectacle et ne donnent que peu d'indications quant à la sélection de sujets valables sur les terrains de chasse.

Personnellement, je me garderai d'être aussi catégorique ; bien au contraire, les sujets qui se distinguent dans les épreuves de travail possèdent bien souvent un petit quelque chose de plus que les autres, tant du point de vue du style de la race que du point de vue olfactif. De plus, ils possèdent en général des qualités de réflexion profonde sur le terrain, au point qu'ils acquièrent une technique très spécifique.

Malheureusement, durant les compétitions, le chien n'a pas toujours la possibilité de mettre tous ses talents en action, et la chance joue souvent un rôle important, à tel point que de très bons chiens peuvent se retrouver disqualifiés pour des raisons fortuites. Cela dit, un bon chien trouve toujours le moyen, tôt ou tard, de se distinguer sur les terrains de compétition, mettant en évidence ses capacités et son talent.

Les épreuves de travail ont, de plus, un très grand mérite, qui est de faire appliquer rigoureusement le standard de travail du Setter anglais. Sans elles, les caractéristiques typiques de la race seraient dispersées depuis longtemps, à cause des interprétations arbitraires et parfois incorrectes que certains chasseurs font du standard de travail.

Les épreuves de travail ont pour autre mérite de mettre en évidence certains défauts qui deviennent quelquefois récurrents chez une race, au point qu'ils engendrent de véritables déviations par rapport au standard de travail.

De plus, la possibilité d'examiner de nombreux sujets en même temps, au cours des épreuves, permet de relever assez clairement des défauts qui pourraient provoquer de sérieux problèmes pour l'avenir de la race, et d'intervenir à temps, par des corrections appropriées, en particulier sur la sélection des reproducteurs.

Le devoir fondamental des juges des épreuves est d'indiquer les sujets les mieux dotés du point de vue de leurs aptitudes à la chasse, et qui expriment le mieux les caractéristiques de la race. Les éleveurs auront ensuite la charge d'utiliser ces sujets pour la reproduction, assurant ainsi l'avenir de la race.

De nos jours, la vitesse est trop souvent recherchée, dans les épreuves de travail, comme un élément primordial, car elle est très spectaculaire. Cela s'est vérifié ces dernières années, dans la tendance qu'ont eu les éleveurs à sélectionner pour la reproduction des étalons et des reproductrices extrêmement rapides, en négligeant d'autres qualités très importantes comme l'intelligence et le style. De leur côté, certains dresseurs, qui représentent une référence importante pour les amateurs de la race, ont trop souvent orienté le dressage vers la recherche de la vitesse, inculquant cette notion à leurs élèves comme si elle était essentielle pour la poursuite de leur carrière de chasseur. Malheureusement, la vitesse excessive existe parfois au détriment d'un comportement correct sur le gibier, amenant le jeune chien à commettre des erreurs graves, comme la négligence du gibier ou l'envol de ce dernier sans que le chien ne l'ait pisté auparavant.

On le comprend aisément : le dressage d'un Setter anglais en vue des épreuves de travail est une tâche très difficile, qui exige une préparation adéquate et une certaine expérience.

Je vous conseille donc de vous adresser à un dresseur sérieux ou, du moins, de l'observer attentivement durant les séances de dressage ou les épreuves proprement dites.

Voici maintenant quelques informations brèves sur les principales épreuves auxquelles le Setter anglais peut participer.

Le devoir des juges des épreuves est d'indiquer les sujets les mieux dotés du point de vue leurs aptitudes à la chasse.

Les principales épreuves de field-trial

Grande quête sur perdrix grise

Pour cette épreuve, le seul gibier autorisé est la perdrix grise. Les autres animaux qui peuvent parfois couper la route du Setter ne servent alors qu'à tester son comportement, son degré de dressage et sa préparation.

Les terrains sur lesquels l'épreuve s'effectue doivent être très étendus, en plaine ou ne présentant qu'une légère pente.

Les sujets s'affrontent deux par deux, pendant quinze minutes (dix en été).

Les terrains sur lesquels l'épreuve s'effectue doivent être très étendus.

Durant son tour de compétition, le sujet doit mettre en valeur le style typique de la race et toujours rester en contact étroit (en relation) avec son conducteur.
L'allure doit être très rapide et le chien doit en outre démontrer qu'il sait travailler en couple et possède d'excellentes qualités de chasse, c'est-à-dire un bon flair, des réflexes rapides et une intelligence du terrain, durant la quête.
L'arrêt à patron doit être spontané, sans hésitations, et l'arrêt solide et décidé. Le chien doit se comporter correctement au moment de l'envol et du tir.

Épreuves classiques sur perdrix grise

Cette épreuve est elle aussi basée sur la perdrix, et les concurrents sont également engagés en couple, pour une durée de quinze minutes. L'allure doit être rapide et soutenue, toujours suivant le style typique de la race.
Le sujet peut avoir, par rapport à la grande quête, une allure plus modérée, mais la quête doit toutefois assurer la bonne couverture du terrain, sur les côtés et en profondeur. De plus, la quête doit être systématique et ordonnée, et le sujet doit montrer passion et

Dans certaines épreuves de field-trial, les Setters s'affrontent deux par deux.

intelligence dans l'exécution de son travail. Le chien doit garder un comportement correct au moment de l'envol et du tir.

ÉPREUVES DE CHASSE SUR PERDRIX GRISES ET SUR TOUT LE GIBIER NATUREL

Ces deux épreuves sont pratiquement identiques, tant par leur déroulement que par les critères d'appréciation des juges. La seule différence réside dans le type de gibier, puisque l'une ne concerne que la perdrix grise, tandis que l'autre concerne tout le gibier présent sur le terrain, qu'on chasse normalement avec un chien d'arrêt.

Il doit s'agir d'un gibier naturel qui n'a pas été introduit trop récemment sur le terrain.

Les terrains sur lesquels se déroulent les épreuves doivent bien sûr être adaptés à la chasse avec des chiens d'arrêt d'origine anglaise.

En ce qui concerne la quête, le sujet doit montrer qu'il possède le style de la race, et son allure peut être plus ou moins rapide, selon la conformation du terrain. L'arrêt doit être solide et décidé, l'arrêt à patron spontané, et il

L'ENVOL NON CONTRÔLÉ PAR LE CHIEN

De nombreux chasseurs pensent qu'il s'agit là d'une très grave erreur de leur chien.
C'est bien sûr une erreur, mais elle n'est pas forcément grave, ni totalement imputable au chien, car les causes d'un envol incontrôlé du gibier peuvent être multiples.
Avant de juger trop durement le chien, il est donc indispensable d'analyser la situation dans laquelle l'envol brusque du gibier s'est produit, afin de comprendre comment le chien a pu laisser échapper le gibier.
Les conditions climatiques et atmosphériques, un terrain trop mouillé ou trop accidenté, un gibier d'élevage trop craintif, l'impétuosité d'un jeune chien : autant de facteurs qui peuvent expliquer une fuite impromptue du gibier sans que la faute du chien soit très importante.
Bien sûr, la chose est très différente lorsque l'envol incontrôlé du gibier se produit dans des conditions pourtant optimales et que, malgré cela, le chien ne sent pas la présence du gibier et le laisse fuir sans l'avoir pisté et sans avoir marqué l'arrêt.
Ce n'est que dans ce cas précis, surtout s'il se répète, qu'on peut remettre en question les capacités olfactives et les qualités de chasseur du chien.
Mais, y compris dans ce cas de figure, il faut faire preuve de patience, en donnant au chien le temps et l'occasion de prouver qu'il est capable de faire mieux, tout en étant conscient qu'on s'est peut-être trompé dans le choix du chiot.

faut que le chien conserve une attitude correcte à l'envol et au tir. Au cours de ces compétitions, les chiens sont soumis à l'épreuve du rapport.

ÉPREUVES SUR CAILLES

De même que pour les épreuves sur perdrix, les terrains doivent être en plaine ou légèrement pentus, couvrir au moins quinze hectares et être munis d'une végétation touffue, mais pas trop haute. L'allure du chien est rapide, et il doit effectuer une bonne exploration du terrain. Le sujet doit montrer qu'il possède d'excellentes qualités de chasseur, un très bon flair et qu'il est capable de prolonger son action. La durée de chaque tour de compétition est de dix minutes.

ÉPREUVES DE CHASSE SUR BÉCASSINES

C'est une épreuve très singulière, qui ne peut s'effectuer que sur des terrains précis, comme les marais, les rizières, ou toute autre zone marécageuse. C'est pourquoi cette épreuve est en général pratiquée par des spécialistes. Étant donné la spécificité des terrains, l'allure et la vitesse des chiens engagés

Le dressage d'un Setter anglais en vue des épreuves de travail est une tâche très difficile.

dans l'épreuve peuvent subir, par rapport aux critères du standard de travail, des variations importantes. C'est au juge d'évaluer l'aptitude et l'expérience démontrées par le chien sur ce gibier très particulier. Dans cette épreuve, le flair joue un rôle fondamental ; d'une part à cause de la nature des terrains sur lesquels elle se déroule, et d'autre part parce que la bécassine est toujours un gibier sauvage, ne provenant jamais d'élevages, et qui peut se montrer extrêmement méfiant et difficile à pister. Le rapport n'est pas exigé dans cette épreuve.

Épreuves sur le gibier de montagne

Les gibiers chassés durant ces épreuves sont : les bartavelles, la perdrix blanche, le coq de bruyère ou cendré, la gélinotte, la perdrix grise ou le lièvre variable. Il suffit de penser au gibier chassé durant cette épreuve pour se rendre compte qu'elle s'adresse, tout comme les épreuves sur bécassines, à des spécialistes, des chiens connaissant à fond les habitudes du gibier et, surtout, les lieux, souvent assez inaccessibles, dans lesquels ils vont pouvoir les rencontrer. Dans ces épreuves, les chiens doivent faire la preuve qu'ils possèdent une grande capacité d'adaptation au terrain et une grande autonomie de décision, qui ne doit toutefois pas dégénérer en une indépendance totale par rapport à leur conducteur.

La durée du tour de compétition de cette épreuve peut être augmentée, suivant l'avis du juge, mais elle ne peut être inférieure à quinze minutes.

Pour des informations plus précises et détaillées sur les épreuves de travail pour les races de chiens d'arrêt, nous vous renvoyons au règlement officiel édité par la Société centrale canine (SCC) ou au Club du Setter anglais.

L'alimentation

par le professeur L. Guidobono Cavalchini
et le docteur C. Cristofalo

Les chiens sont des animaux carnivores, mais la fréquentation de l'homme les a amenés à consommer des produits d'origine non animale. Ils ont besoin d'un régime nourrissant qui peut varier selon la race, l'âge ou bien l'état physiologique (la croissance, la reproduction, la lactation) et en fonction du climat.

Une alimentation équilibrée est nécessaire pour avoir un chien en bonne santé et au poil brillant.

Principes généraux

Comme tous les animaux, le chien a besoin d'un apport nutritionnel constant et d'une alimentation correcte. La mastication est limitée chez le chien et la déglutition rapide.
Les aliments, surtout solides, restent longtemps dans l'estomac (trois à douze heures) puis se transforment en bouillie avant de passer dans l'intestin où se fait l'assimilation. Le sang conduit les substances nutritives vers toutes les parties de l'organisme qui en ont besoin. L'appareil digestif du chien permet l'assimilation de repas abondants et un intervalle prolongé entre chaque repas, car l'estomac se vide lentement. Une alimentation en morceaux plutôt que hachée est préférable. Pour obtenir les meilleurs résultats, on doit alimenter les chiens de façon à leur fournir les quantités nécessaires de protéines, d'hydrates de carbone, de graisse, de vitamines et de minéraux : le régime doit être équilibré entre ces divers éléments. Une alimentation excellente est indispensable pour maintenir le chien en bonne santé, ni trop gros ni trop maigre, et doté d'une belle fourrure. C'est encore plus important dans la phase de croissance du chiot qui réclame une attention encore plus grande. Il faut donc connaître la signification biologique des différents principes nutritifs et les sources d'apport.

Fréquence journalière des repas

Mois	1-3	4-7	8-18	18
Repas	4	3	2	1

Les femelles, durant le deuxième mois de gestation et la lactation, feront deux ou trois repas.

L'énergie

Même pendant les moments de repos, le corps a besoin d'énergie. Les principes nutritifs sont amenés dans les différentes cellules de l'organisme où ils sont transformés en énergie grâce à l'oxygène. C'est pendant ce processus de transformation que la chaleur, qui maintiendra la température du chien, est produite.
Plus l'activité du chien est élevée, plus l'apport en énergie de l'alimentation doit être élevé. Les chiots exigent trois fois plus que les adultes. La valeur énergétique d'un aliment est exprimée en énergie métabolisable (EM). Elle est mesurée en kilocalories (Kcal) ou en kilojoules (Kj). Les graisses fournissent un apport énergétique qui est le double de celui des sucres et des protéines.
Un excès d'énergie est en général emmagasiné dans le corps sous forme de dépôt graisseux. Il est donc utile de peser son chien régulièrement, en notant le poids, afin de vérifier que la prise de poids quotidienne est normale.

Plus l'activité du chien est élevée, plus l'apport en énergie de l'alimentation doit être élevé.

Les principes alimentaires

Les sucres (hydrates de carbone et glucides)

Ce sont des sources d'énergie nécessaires au travail musculaire et aux diverses activités du corps. Certains ont une structure simple (fructose, lactose, etc.), tandis que d'autres, comme l'amidon, ont des structures plus complexes. Chez l'adulte comme chez le chiot, l'excès de saccharose n'est pas toujours bien toléré et peut provoquer des diarrhées car l'intestin du chien sécrète peu d'invertine (enzyme qui l'assimile). De même, le chien adulte digère mal le lait par manque de lactase.

L'*amidon* est l'hydrate de carbone le plus important. On le trouve en abondance dans les céréales telles que le blé (pain), le maïs, le riz, etc. L'amidon doit être bien cuit pour pouvoir être digéré par le chien. Le chien ne digère pas les fibres comme la cellulose, contenues dans les végétaux. Plus la teneur du régime en contient, plus sa valeur calorique est basse. Toutefois, elles peuvent être utiles en petites quantités, surtout chez les sujets âgés ou sédentaires pour les empêcher de grossir et pour maintenir un bon transit intestinal.

Le chien trop gras

Pour voir si le chien est trop gras, il faut :
- observer les dépôts de graisse sur le garrot, la croupe et les côtes ;
- le peser régulièrement et noter son poids ;
- abolir sévèrement tout « goûter » ou restes de cuisine ;
- résister au regard suppliant ;
- l'alimenter avec un régime hypoénergétique mais équilibré en protéines, vitamines et minéraux ;
- lui donner des repas assez liquides et avec une bonne quantité de fibres ;
- lui laisser un os à ronger ;
- s'assurer que ce n'est pas d'origine pathologique (mauvais fonctionnement hormonal) ;
- lui faire faire de l'exercice.

Les graisses (ou lipides)

Elles sont essentielles à l'organisme car elles entrent dans la composition des cellules. Elles fournissent son énergie au corps et par conséquent sa chaleur. Celles qui sont présentes en dépôts dans l'organisme (graisse sous-cutanée ou intramusculaire) ont un rôle de réserve énergétique dans laquelle l'organisme puise quand l'apport est insuffisant. Elles constituent également une bonne isolation thermique. Certains lipides sont présents dans les cellules (phospholipides, glycolipides) ou fonctionnent comme des régulateurs biologiques (cholestérol, acide biliaire, etc.).
On les trouve dans tous les aliments. On peut distinguer les graisses végétales et les graisses animales (saindoux, lard). Leur présence dans le régime est indispensable.

Les protéines

Elles servent à la construction de l'organisme et à former de nouvelles cellules. Elles ont donc un rôle essentiel pour la formation, le maintien et la réparation des muscles, des os et des organes internes. Le chiot en a particulièrement besoin.
Elles peuvent être d'origine animale, comme celles présentes dans la viande, le lait, le poisson et les œufs ; ou d'origine végétale comme celles du soja, des petits pois ou des haricots, etc.
La valeur biologique des protéines et leur utilisation dépend des rapports entre les différents *acides aminés*. On ne peut emmagasiner les acides aminés, c'est pourquoi ceux-ci doivent être fournis par la ration quotidienne de protéines.

Les sels minéraux

On distingue les *macro-éléments*, présents en grande quantité dans l'organisme (calcium, phosphore, sodium, potassium, magnésium), et les *oligo-*

éléments qui n'existent que sous forme de traces (fer, zinc, manganèse, iode, cobalt, cuivre). Ce sont des constituants essentiels de l'organisme et ils jouent un rôle dans l'équilibre acido-basique des liquides du corps, dans la contraction musculaire, la transmission nerveuse ou encore la constitution de certains enzymes et de certaines hormones. Ils interviennent dans la formation du squelette et sont donc très importants pour la croissance de l'animal.
On les trouve dans le lait, le fromage, le poisson, la viande et dans de nombreux végétaux. Il est indispensable de les intégrer au régime alimentaire du chien et de maintenir un bon rapport entre certains d'entre eux comme le calcium et le phosphore ou bien le fer et le cuivre, etc.

Les vitamines

On distingue les vitamines *liposolubles* (A, D, E, K) et les vitamines *hydrosolubles* (B_1, B_2, acide pantothénique, acide nicotinique, B_6, acide folique, H, B_{12}, choline, C). Elles agissent en quantité infinitésimale mais interviennent dans de nombreux processus organiques essentiels. Les carences en vitamines peuvent entraîner de graves déséquilibres. Cependant, la présence excessive de certaines vitamines peut aussi provoquer de sérieux problèmes. Elles sont produites par des organismes végétaux et sont contenues dans le foie, les œufs, le germe des céréales, la levure, les huiles végétales et animales. Elles peuvent facilement être détruites par la chaleur et la lumière. Il faut donc les incorporer à la ration seulement lorsqu'elle est tiède.

La viande cuite

Elle est mieux digérée crue. Mais si elle n'est pas fraîche ou de bonne qualité, il vaut mieux la faire bouillir. De toute façon, il ne faut pas la faire cuire longtemps. La viande de porc doit toujours être cuite pour éviter les infections (maladie d'Aujezsky et trichinoise).

Les graisses constituent une bonne isolation thermique.

Les os

Les chiens, c'est bien connu, apprécient les os, en particulier ceux qu'ils peuvent ronger. Il faut cependant être vigilant car les os peuvent provoquer, surtout chez les sujets les plus vieux et sédentaires, la constipation et l'occlusion intestinale. En outre, les pointes d'os peuvent perforer l'intestin : il faut donc éviter les os de poulet et de lapin.

Elles sont souvent contenues dans les aliments préparés (lire l'étiquette des boîtes) : il faut y faire attention car l'accumulation de vitamines peut être dangereuse.

Les aliments

Viande

De bœuf, de poulet, de dinde ou autre. On peut l'administrer crue ou ébouillantée, selon sa qualité. La viande de porc doit toujours être cuite. Le contenu énergétique et protidique varie selon la quantité d'os et de gras présente. Plus elle contient de muscles et plus elle est digestible, avec une valeur biologique importante. À l'inverse, ces qualités diminuent lorsque la viande est pleine de tendons et de cartilage. Les chiens peuvent digérer la viande en cours de putréfaction grâce à leur taux élevé de sucs gastriques.

Abats

Ils sont constitués de viscères comme le cœur, le foie, les tripes, la rate, etc. Les chiens en sont friands, mais leur apport protéique est inférieur à celui du muscle. Il vaut mieux les administrer légèrement cuits.

Poisson

Il est plus apprécié cuit. C'est une bonne source de protéines et sa valeur biologique est importante. De plus, il se digère facilement. Il est riche en sels minéraux et en vitamines. On le conseille pendant la croissance. On peut recourir au poisson séché, surtout en hiver.

Œufs

Ce sont de très bons aliments, riches en protéines, en graisses et en vitamines. Ils sont particulièrement indiqués pour les chiots, les reproducteurs et durant la lactation. Ils peuvent remplacer partiellement la viande et le poisson. Ils peuvent être donnés crus.

Lard, graisses, huiles végétales

Ils constituent une excellente source calorique ; les chiens en sont friands et ont tendance à en consommer plus que nécessaire.

Les graisses sont particulièrement utiles aux chiens qui travaillent et font des efforts physiques. Elles sont indispensables en petites quantités. On conseille d'ajouter un peu d'huile d'olive à la ration.

Lait

C'est un bon aliment, qui apporte des protéines à forte valeur biologique, des graisses, des vitamines et des sels minéraux. C'est l'aliment principal du chiot.
Certains sujets adultes ne le digèrent pas bien.

Riz et pâtes

Riches en amidon, ce sont les principales sources d'énergie. Pour être digérés, ils doivent être bien cuits.

Pain sec

Bonne source énergétique dont le chien est friand, il doit être sec et laissé à l'air. Moisi, il peut être nocif.

Flocons de céréales et riz soufflé

Bonne source énergétique, ils peuvent remplacer le riz, les pâtes, le pain. Ils doivent être traités pour être digérés par le chien.
Ce sont des aliments volumineux : dans la ration, il faut tenir compte de leur poids et non de leur volume.

Fruits et légumes

Leur apport nutritif est faible, mais leur teneur en fibres est intéressante pour les chiens sédentaires qui tendent à l'obésité et sont constipés.
On peut les remplacer par quelques cuillères de son.

Eau

Le chien doit toujours en avoir à sa disposition.

Les aliments tout prêts

Il existe une grande variété de produits, mais il est important d'en connaître les différences pour les utiliser du mieux possible.

Les gâteaux et le chocolat

Les chiens sont gourmands et il est difficile de manger du chocolat sans leur en faire goûter. Il ne faut cependant pas qu'ils en abusent car ils ne le digèrent pas très bien. Il existe des biscuits substituts dans le commerce dont il ne faut pas abuser non plus.

Mendier à table

C'est une très mauvaise habitude due au trop « bon cœur » du maître qui, de temps en temps, concède une bouchée à son chien. Ne donnez jamais à manger à votre chien lorsque vous êtes à table, ou durant la préparation des repas. Faites-le manger avant vous et, au besoin, ne le laissez pas assister à vos repas.

Une lecture soigneuse de l'étiquette peut donner des indications utiles.
On peut distinguer trois types d'aliments tout prêts : les aliments simples, les aliments complets et les aliments complémentaires.

Les aliments simples

Ce sont différents produits d'origine animale ou végétale (du riz soufflé par exemple).

Les aliments complets

Ils sont composés de plusieurs produits en mesure de satisfaire les exigences alimentaires du chien sans ajouter d'autres aliments.

Les aliments complémentaires

Ils contiennent principalement une substance (par exemple des protéines ou des sels minéraux) mais ils doivent être associés à d'autres aliments.
La qualité des aliments tout prêts dépend des matières premières employées, de leur formulation, du traitement technologique subi et de leur présentation (flocons, boulettes, granulés, biscuits, etc.). Il faut être attentif à leur conservation : sur l'étiquette, la date de fabrication et l'échéance de consommation sont indiquées. La composition doit être indiquée par ordre décroissant de quantité ou en pourcentage sur le contenu. Les données qui informent des principes nutritifs présents doivent être reportées (teneur en eau, en protéines, en graisses, etc.). On trouve également le pourcentage de vitami-

Il est préférable que le chien mange avant son maître.

Dans les périodes de repos, les repas doivent être plus légers que durant la période de chasse.

Attention aux excès

On trouve dans le commerce différents produits étudiés pour plaire aux chiens, mais il faut éviter les excès qui peuvent avoir des répercussions sur la santé du chien. Il ne faut pas donner trop de protéines, trop de graisses, ni trop de vitamines. Faites attention à l'accumulation des composantes des différents aliments, en particulier aux vitamines et aux sels minéraux. Apprenez à lire attentivement les étiquettes des différents produits, qui indiquent leur composition.

nes et de sels minéraux par kilogramme.
Les aliments tout prêts permettent d'établir des rations en fonction des besoins réels du chien, en donnant les quantités voulues de vitamines et de sels minéraux, ce qui n'est pas toujours le cas quand on prépare soi-même la ration.

Un aliment tout prêt composé pour chien adulte doit avoir les pourcentages suivants :
– humidité maximum : 13 % ;
– protides : 22-25 % ;
– lipides : 4-8 %.

La ration alimentaire

Nous donnons ci-dessous quelques exemples de rations. Les doses doivent varier selon l'activité du chien qui peut être « sportif » ou « de salon ». Les restes de cuisine ne doivent pas être l'antithèse des règles fondamentales de l'alimentation.

- Viande fraîche de bœuf, poulet ou dinde ébouillantée. Pain sec ou biscotte. Un peu d'huile d'olive. Bouillon chaud. Vitamines et sels minéraux.
- Viande congelée. Riz ou pâtes bien cuites. Légumes mixtes. Un peu d'huile d'olive. Vitamines et sels minéraux.
- Viande congelée. Flocons de céréales mélangées ou riz soufflé. Une cuillère de son. Eau chaude. (Les vitamines et les sels minéraux sont déjà présents)
- Aliment tout prêt complet en croquettes, granulés ou cubes. (Administrer en suivant le mode d'emploi)
- Aliment tout prêt en flocons à intégrer à de l'eau chaude, du bouillon ou du lait. (Administrer selon les instructions de l'étiquette).

L'alimentation du chiot

Vers le vingt-cinquième jour, on peut commencer à lui donner, en plus du lait maternel, un repas constitué de lait et d'un jaune d'œuf pour 100 ml de lait. Après trente jours, le sevrage commence, avec une alimentation plus sèche. Un sevrage précoce épargne la mère et il est utile surtout en cas de portée nombreuse. Les chiots sont séparés plus longtemps de la mère et, entre quarante-cinq et cinquante-cinq jours, ils doivent être complètement sevrés et nourris artificiellement.

Au début du sevrage, on ajoute au lait de vache un peu de viande hachée.

Le régime alimentaire du chiot doit être soigneusement dosé.

- De l'eau fraîche doit toujours être disponible.
- Ne pas laisser traîner d'aliments avariés.

On passe ensuite à une alimentation plus sèche constituée de :

- viande et/ou poisson de bonne qualité ;
- riz bien cuit et/ou flocons de céréales ;
- un peu d'huile ;
- des vitamines et des sels minéraux.

Le lait, la viande et le poisson doivent prévaloir sur les céréales. Ils constituent jusqu'à 80 % de la ration à quarante jours et 60 % à soixante jours. On augmente progressivement la quantité de céréales par rapport à la viande. Rappelons que celle-ci peut être administrée crue si elle est de bonne qualité, mais il vaut mieux l'ébouillanter.

Un des repas de la journée peut être constitué de biscottes et de lait. Durant la période de croissance, on peut donner un jaune d'œuf cru trois ou quatre fois par semaine et du fromage. Ces aliments peuvent remplacer partiellement la viande. Il faut en tout cas s'assurer que le complément de vitamines et de sels minéraux contient les doses adéquates de calcium et de phosphore.

La santé et l'hygiène

par le professeur L. Guidobono Cavalchini et le docteur C. Cristofalo

Quand on achète un chien ou qu'on nous en offre un, qu'il soit jeune ou adulte, la première impulsion est de le câliner, de lui montrer son affection. On doit cependant se souvenir qu'on devient responsable de son état de santé.
Les maladies et les dangers sanitaires sont multiples et on risque de se retrouver à l'improviste à la place du vétérinaire, sans avoir aucune expérience. Il est donc important d'avoir un vétérinaire auquel se référer, tout comme on a son médecin de famille.

Le vétérinaire

Le vétérinaire suivra le chien en lui faisant les vaccins nécessaires et en intervenant en cas de maladie. Il doit y avoir un rapport de confiance entre le maître et le vétérinaire. En cas d'urgence, on peut faire appel à des structures spécialisées intervenant même la nuit. Il existe aujourd'hui, parmi les vétérinaires, des spécialistes reconnus officiellement, qui exercent en clinique pour animaux. Certains d'entre eux sont experts en cardiologie, en ophtalmologie, traumatologie et autres. Il est toutefois préférable que ce soit votre vétérinaire qui vous conseille le spécialiste, au cas par cas.

La santé du chien

Ce qu'il faut observer
comportement
appétit
mouvements
sommeil

Comment il doit être
attentif, vif, équilibré
vigoureux et présent
coordonnés, agiles
régulier, non excessif

Comment reconnaître un chien malade

Vous serez évidemment celui qui passe le plus de temps avec votre ami à quatre pattes et il faut donc l'observer avec attention pendant les moments principaux de la journée

Vacciner votre chiot est le meilleur moyen de le garder en bonne santé.

comme les repas, la promenade, le jeu, le sommeil.

Il faut chercher à voir les petits changements de comportement qui mettent en évidence le malaise du chien. Le chien peut, d'une certaine manière, être comparé à un nouveau-né qui ne peut s'exprimer qu'à travers des comportements et des émissions sonores spécifiques. Les symptômes généraux ci-contre révèlent une mauvaise condition physique. Il est faux de croire qu'on connaît tous les symptômes de toutes les maladies du chien et de penser qu'on peut les soigner seul.

Il est cependant important de savoir quand la situation exige un vétérinaire. Certains symptômes sont en effet les signes d'une pathologie grave. Certaines données physiologiques de référence peuvent être utiles pour évaluer

Symptômes généraux de malaise

- Apathie.
- Vomissements et/ou diarrhées persistantes.
- Abattement.
- Écoulement nasal et conjonctival.
- Refus de jouer.
- Soif et/ou faim injustifiée.
- Manque d'appétit (anorexie).
- Amaigrissement évident.
- Poil terne.

Symptômes de maladies graves

- Respiration et battements cardiaques ralentis, accélérés, dissonants ou faibles.
- Température corporelle basse (hypothermie), élevée (fièvre).
- Traces de sang dans les selles.
- Traces de sang dans les urines.
- Vomissements hémorragiques.
- Saignements de nez.

l'état de santé du chien qui doit être observé au repos. En effet, l'effort physique ou le jeu peuvent accélérer la respiration et les pulsations cardiaques ou faire monter la température sans que cela soit pathologique.

Données physiologiques de référence

Paramètres	***Chiot***	***Adulte***
Température rectale	38-39 °C	37,5-38,5 °C
Fréquence des respirations (par min)[1]	20-22	14-20
Pulsations cardiaques (par min)	100-130	60-120

[1] Quand la température extérieure est élevée, la fréquence augmente.

Comment mesurer...

...la température ?

Beaucoup de propriétaires suspectent une température élevée en observant la truffe. Si celle-ci n'est pas humide ou fraîche, ils pensent que le chien a de la fièvre. Ce n'est pas toujours vrai. De toute façon, il vaut mieux mesurer la température rectale en utilisant un thermomètre de vétérinaire ou de pédiatre, lubrifié d'huile ou de vaseline. Pour cela, il faut soulever la queue et introduire le thermomètre à 2-3 cm et attendre trois minutes environ.

...les pulsations cardiaques ?

On peut appuyer directement l'oreille sur la poitrine de votre chien et percevoir les battements de son cœur.

On peut aussi relever les pulsations de l'artère fémorale en appuyant le pouce sur la face externe de la cuisse et l'index sur la face interne.

...la fréquence respiratoire ?

On observe la poitrine en calculant le nombre de respirations par minute, en évaluant également le rythme et l'ampleur.

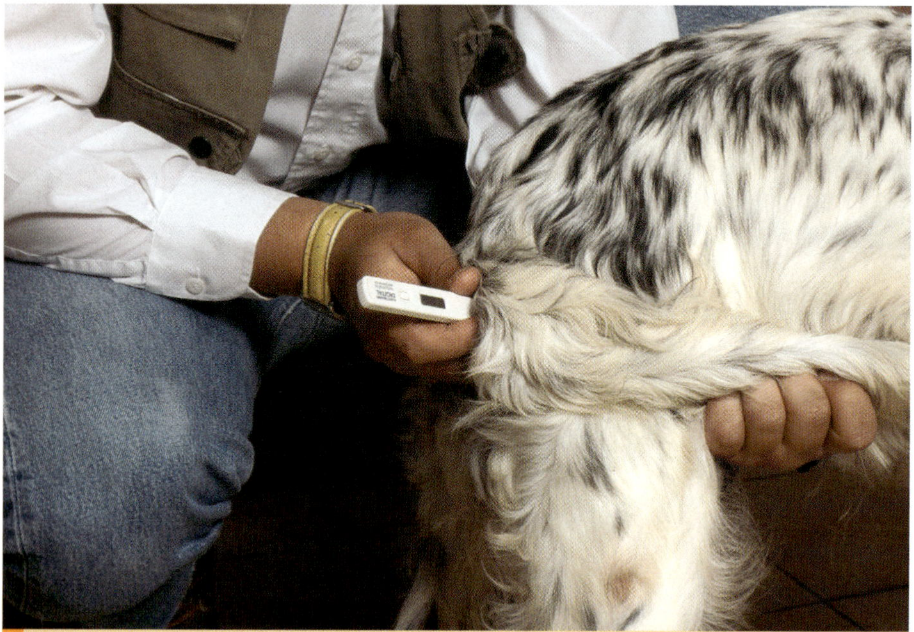

Pour prendre la température de votre chien, utilisez un thermomètre de vétérinaire et soulevez sa queue (© Simon-Vedie/Cogis).

Les maladies du chien

Le chien peut souffrir de maladies variées, dont la plupart sont d'origine infectieuse.

Maladies organiques

Il s'agit de celles qui frappent un organe spécifique ou une partie de celui-ci : leur étiologie varie, ainsi que leur évolution ; elles ne sont pas toujours contagieuses ; leur issue dépend directement de la gravité des symptômes.

Maladies infectieuses

D'origine virale et bactérienne, elles touchent en général plusieurs organes ; elles sont contagieuses et souvent mortelles ; la guérison dépend de la gravité des symptômes et de la réponse des défenses immunitaires du chien ; elles peuvent être prévenues grâce à la vaccination.

Maladie de Carré : elle frappe à tout âge. La période d'incubation est de trois à sept jours. Le chien malade présente des sécrétions oculaires et nasales purulentes, une conjonctivite avec photophobie, une toux avec complications pulmonaires, allant jusqu'à la

EXEMPLES DE MALADIES ORGANIQUES

Maladie	*Organe touché*	*Maladie*	*Organe touché*
otite	oreille	cystite	vessie
stomatite	bouche	prostatite	prostate
bronchite	bronches	myosite	muscle
endométrite	utérus	névrite	nerfs
néphrite	reins		

PRINCIPALES MALADIES INFECTIEUSES

Maladie	*Étiologie*	*Transmission*	*Prophylaxie*
maladie de Carré	pseudomyxovirus et bactéries	directe et indirecte, très contagieuse	vaccination
hépatite virale infectieuse	adénovirus	contact direct, contagieuse	vaccination
herpès	herpès-virus	intra-utérine, contact direct	vaccination
parvovirose	parvovirus très résistant	très contagieuse	vaccination
toux de chenil	adénovirus	très contagieuse	vaccination
rage	rhabdovirus	contamination par morsure	vaccination
leptospirose	leptospires (variés)	contamination orale	vaccination

broncho-pneumonie. On peut également détecter une gastro-entérite et une forte fièvre (41 °C) pendant la première phase de la maladie. Le système nerveux peut être atteint de façon irréversible (paralysie des membres postérieurs et tics nerveux). Cette maladie est souvent mortelle.

Hépatite virale ou infectieuse : elle atteint des chiens de tout âge. La période d'incubation varie de trois à neuf jours. Fièvre au début de la maladie. Kérato-conjonctivite et iridocyclite. Amygdalite. Apparition de petites hémorragies abdominales. Douleurs abdominales. Opacification de la cornée après une à trois semaines.

Herpès : touchant divers organes, il est mortel chez les chiots. Les chiots peuvent être atteints de vomissements, diarrhées, trachéite et troubles nerveux. Chez l'adulte, le symptôme le plus fréquent est une laryngo-trachéobronchite accompagnée de rhinite. Une forme génitale peut apparaître chez les deux sexes.

Parvovirose : gastro-entérite hémorragique, vomissement, déshydratation et perte de poids, abattement, hypothermie, leucopénie. La forme cardiaque est souvent mortelle chez le chiot.

Toux de chenil : laryngo-trachéo-bronchite bénigne accompagnée de toux qui se propage rapidement dans les chenils et dans les pensions où les chiens sont nombreux.

Rage : transmise par morsure infectée d'un animal malade, elle frappe beaucoup de mammifères sauvages et domestiques. Le système nerveux est atteint, avec une paralysie progressive de l'animal. On note également des variations du comportement relativement importantes. La rage muette donne une paralysie progressive des muscles de la mandibule, des cordes vocales et d'autres muscles de la tête, avec pour conséquence une salivation abondante, l'aphonie et l'incapacité de déglutir ou de boire. Dans sa forme furieuse, le chien est agité, puis très excité. Il salive abondamment et hurle fréquemment. Il meurt d'une paralysie générale. L'homme peut être contaminé.

Leptospirose : elle touche les chiens de tout âge, ainsi que beaucoup d'autres espèces, y compris l'homme : la souris et le rat en sont les principaux vecteurs ; la gravité des symptômes présentés est variable : des néphrites peuvent apparaître, ainsi que des

Pose d'un collier anti-parasitaire (©Hermeline/Cogis)

SYMPTÔMES DES PRINCIPALES MALADIES PARASITAIRES

Parasites	*Symptômes*	*Thérapie*
cutanés	eczéma superficiel, eczéma profond, pellicules, poil terne, alopécie	poudres, bains, gouttes, sirops
intestinaux	amaigrissement, diarrhées, flatulences, vomissements, poil terne	produits variés en compresses, gouttes ou sirops
sanguins	insuffisances cardio-circulatoires	variées et complexes
auriculaires	otites avec complications auriculaires	gouttes auriculaires

conjonctivites, des parésies des membres postérieurs, des gastrites avec vomissements, des déficiences respiratoires, des ictères, et plus rarement des broncho-pneumonies. L'évolution est souvent mortelle.

Maladies parasitaires

Elles sont véhiculées par des organismes unicellulaires, comme les coccidies, ou plus complexes, comme les vers intestinaux. Les parasites vivent avec le chien et, dans les cas d'infection extrême, ils peuvent amener la mort de l'animal. Ils endommagent les tissus ou privent le chien d'éléments nutritifs et l'affaiblissement fortement, le rendant également plus sensible aux maladies infectieuses.

La contamination se fait en général par l'absorption de larves ou d'œufs déposés par d'autres chiens malades. Il faut donc examiner périodiquement son chien, non seulement pour son bien, mais aussi pour éviter tout risque de contamination. Certains parasites sont dangereux pour l'homme (le ténia, par exemple).

Les thérapies, qui sont reportées ci-dessous, doivent être appliquées sur le parasite et l'organe touché. Il est recommandé de suivre attentivement les prescriptions du vétérinaire, car le médicament peut être nocif pour le chien lui-même.

Mycoses

Ces pathologies sont portées par des champignons et des moisissures microscopiques ; elles sont contagieuses pour le chien comme pour l'homme, et surtout pour les enfants (teigne) ; une bonne hygiène du milieu de vie et de la peau du chien réduit les risques de contagion. Dans la plupart des cas, on peut soigner les mycoses. Dans leur forme la plus courante, elles se manifestent par l'apparition sur le corps de l'animal de zones d'alopécie (perte du poil).

Maladies congénitales

Elles sont déjà présentes à la naissance et sont déterminées par des causes génétiques ou des carences nutritionnelles de la mère ; les organes touchés sont variés. Elles ne sont pas contagieuses ; elles ne sont pas forcément mortelles.

Maladies héréditaires

Ces pathologies viennent de gènes particuliers présents chez les parents et transmis aux chiots. Elles peuvent se manifester à la naissance ou apparaître plus tard. Le chien pourra les transmettre à sa descendance.

Parmi les plus connues, on trouve la dysplasie de la hanche, les maladies oculaires et l'hémophilie.

Dysplasie de la hanche : c'est une malformation de la hanche qui peut amener le chien à *boiter* des membres postérieurs dans les cas les plus graves. Elle est causée par une malformation de la jointure articulaire qui provoque la *luxation*, puis l'érosion du cartilage. Avec le temps, cette dégénérescence amène une *arthrose déformante*.

L'origine génétique en est maintenant connue, mais pas le mécanisme de transmission. L'étude de l'hérédité est, en fait, complexe : plusieurs gènes semblent être impliqués et leur action peut être augmentée par l'environnement du chien. Le comportement récessif des gènes peut masquer la présence de la maladie chez un chien qui la transmettra cependant à ses petits chez qui elle pourra se déclarer.

Certaines races y sont plus sensibles que d'autres. L'ampleur des os pelviens et leur inclinaison est probablement un facteur déterminant. La dysplasie se manifeste plus facilement chez les sujets à croissance rapide. Une radiographie de l'articulation coxo-fémorale est aujourd'hui le seul moyen reconnu pour identifier les sujets malades et

Comment éviter les empoisonnements accidentels ?

- Éviter que le chien avale du shampooing ou autres produits antiparasitaires lorsqu'il est en traitement.
- Éviter la libre circulation du chien dans des endroits qui ont été dératisés ou désinfectés récemment.
- Garder hors de portée du chien les produits chimiques (l'antigel est appétissant).
- Garder tous les médicaments, les produits toxiques et chimiques hors de sa portée.
- Ne pas placer des produits toxiques à côté des aliments.
- Ne pas laisser sa gamelle dans le jardin quand on l'arrose de produits antiparasitaires.
- Éliminer tous les animaux morts qu'on peut trouver dans le jardin.

Empoisonnements accidentels

Types de poison	*Symptômes*
insecticides à base de phosphore (antiparasitaires)	salivation, contraction musculaire, convulsions, vomissements, diarrhées, rétrécissement de la pupille (myosis), broncho-spasme, œdème pulmonaire, cyanose
strychnine	convulsions, dyspnée, écume à la bouche, et asphyxie par paralysie spasmodique des muscles intercostaux et du diaphragme, mort
produits à base de cyanure (désherbants)	étourdissements, perte des forces musculaires, respiration haletante, collapsus, mort. L'haleine à une forte odeur d'amandes amères
raticides	salivation abondante, vomissements, œdème pulmonaire et dyspnée, faiblesse musculaire, pouls faible
poisons contre les rongeurs	dépression, fièvre, hémorragies multiples associées à une augmentation du temps de coagulation, ecchymoses sur la peau, anémie, pouls rapide et faible, hémorragies, dyspnée, mort
antigel (produit chimique)	pouls rapide, délire, dyspnée, vomissements, absence d'urine, déshydratation
médicaments	variables en fonction des produits

ceux porteurs de légères anomalies. La radiographie doit être faite par un vétérinaire expert, avec un chien sous anesthésie pour garantir sa relaxation musculaire et donc une position dorsoventrale correcte.

Urgences

État de choc

Il existe lorsque le chien est en déséquilibre cardio-circulatoire, en présence d'une vasodilatation périphérique ou lorsqu'il y a accumulation de substances toxiques dans les tissus.

Causes

Forts traumatismes ; hémorragies ; réactions anaphylactiques ; pathologies cardiaques et neurologiques ; toxicoses et déshydratation ; décharges électriques.

Symptômes

Muqueuses pâles ; abattement, chute de température et tremblement musculaire ; pouls rapide ; respiration superficielle ; pertes d'urine et de selles ; vomissements ; collapsus.

Que faire ?

Garder le chien au chaud et consulter un vétérinaire au plus vite pour d'éventuelles transfusions de plasma, l'administration de piqûres toniques ou de médicaments (analgésiques et analeptiques). Le chien doit être gardé sous surveillance pendant quelques jours pour s'assurer que le choc est passé.

Empoisonnements

Si le chien a avalé des substances dangereuses, il faut essayer de le faire vomir en lui administrant la moitié d'un verre d'eau additionnée d'une cuillère de sel ou en stimulant son palais et son arrière-gorge. Il ne faut pas le faire si le chien a avalé des objets coupants ou des produits acides. Pour éviter les empoisonnements criminels, il faut apprendre au chien à refuser la nourriture offerte par des étrangers et celle qu'il trouve par terre. Pour éviter les empoisonnements accidentels, il suffit de quelques mesures de bon sens.

Piqûres d'insectes

Les chiens se font souvent piquer à la tête par des abeilles, des guêpes, des taons, etc. Les piqûres, bien que douloureuses, ont habituellement des conséquences passagères. Il suffit de rafraîchir la piqûre avec de l'eau froide et d'administrer des antihistaminiques par voie orale.

Attention aux morsures de vipères et aux piqûres d'insectes en pleine campagne !

Cela peut être plus grave lorsque le chien est piqué dans l'arrière-gorge en mangeant l'insecte. Dans ce cas, il risque d'étouffer. Il faut consulter un vétérinaire d'urgence et, si c'est impossible, administrer une injection d'antihistaminiques.
En cas de piqûres multiples, il faut également prévenir très vite le vétérinaire, car le chien risque un choc anaphylactique.

Morsures de vipère

Le chien est souvent mordu au museau alors qu'il essaie d'attraper la vipère. Si le chien est robuste, il peut se remettre, mais il faut de toute façon appeler le vétérinaire pour lui administrer du sérum.

Coup de chaleur

Cela arrive souvent pendant la saison chaude, si on laisse le chien dans une voiture, fenêtres fermées par exemple. Pour garder sa température constante, le chien se met en général dans des endroits frais et ombragés et, s'il ne peut le faire, il augmente sa ventilation pulmonaire qui n'est cependant pas toujours suffisante. Les symptômes les plus évidents sont une allure chancelante, une augmentation de la température rectale, un épiderme chaud et sec, un pouls rapide, la dyspnée, le collapsus et la mort. Il faut chercher à faire baisser la température en plongeant le chien dans l'eau froide et en le gardant au repos dans un endroit frais. Appeler le vétérinaire d'urgence.

Fractures

Les fractures les plus fréquentes sont en général celles des membres, de la colonne vertébrale et de la mâchoire. Elles sont souvent les conséquences de traumatismes violents tels un accident ou une chute. Elles peuvent être simples ou multiples et, dans les cas les plus graves, ouvertes (l'os ressort de la blessure).
Les symptômes sont la tuméfaction, l'hémorragie, la paralysie et l'état de choc ; le chien boite et la douleur est très vive. Dans ce cas, il faut garder le chien le plus immobile possible et le rassurer. En cas de fracture des membres, si l'intervention du vétérinaire est impossible immédiatement, il faut les immobiliser avec des attelles de bois ou de carton et des bandes après avoir bien nettoyé et désinfecté les blessures que l'on a recouvertes de gaze. Si le chien ne peut pas bouger, on doit l'installer sur une couche confortable et le transporter sur une civière de vétérinaire, en faisant particulièrement attention à sa colonne vertébrale. Une visite chez le vétérinaire avec radiographie est toujours préférable, même quand la fracture n'est pas certaine car une fracture non soignée peut laisser des traces permanentes.

Conseils en cas d'urgence

Que faire lorsque qu'un chien est traumatisé ?

Le chien traumatisé, renversé par une voiture par exemple, est presque toujours effrayé et désorienté. Il est donc préférable de s'approcher doucement de lui, pour éviter de l'effrayer davantage : il pourrait alors tenter de s'enfuir. Il faut lui parler calmement et essayer de le rassurer sans chercher à l'arrêter. Si le traumatisme a été particulièrement violent, il est en état de choc et souffre de fractures et de contusions diverses. Face à une telle situation, il faut s'avancer calmement en lui parlant : le chien sera rassuré par le timbre de la voix de son maître. On doit éviter tout mouvement brusque et savoir que la douleur et la peur peuvent déclencher l'agressivité du chien, et qu'on risque d'être mordu. En cas de nécessité, on peut lui mettre une muselière ou un bandeau avant de le transporter. Il faut rester calme, d'autant que si le chien perçoit la tension de son maître, il sera encore plus nerveux. Il faut le transporter, avec délicatesse et le plus vite possible, chez un vétérinaire ou aux urgences.

Comment le transporter ?

Si le chien n'est pas en mesure de se lever et de marcher, il faut le soulever de la façon la moins traumatisante possible :

- les chiens petits ou de taille moyenne peuvent être pris en passant un bras sous le ventre ou la poitrine (ne pas le prendre par les pattes qui pourraient être fracturées) ;
- les chiens de taille plus grande peuvent être pris en passant un bras devant les membres antérieurs et l'autre derrière les membres postérieurs, en le tenant contre sa poitrine ;
- les molosses doivent être transportés sur une civière ou sur une couverture, une toile, un manteau, dont les quatre coins serviront de prise.

Si les membres postérieurs sont paralysés, il faut suspecter un traumatisme à la colonne vertébrale. Dans ce cas, il faut essayer de faire bouger le moins possible la colonne.

Intervenir sur une blessure

Le type de blessure qu'un chien peut se faire est infini, mais il existe quelques règles générales à suivre.

En premier lieu, il faut stopper l'hémorragie en comprimant la zone de la blessure à l'aide d'un mouchoir ou d'un chiffon propre. Si l'hémorragie est intense, il est nécessaire de la bloquer en exerçant une pression au-dessus de la coupure. On peut utiliser comme garrot une ceinture, une cordelette, une cravate qu'on lace de manière à pouvoir relâcher l'étreinte toutes les dix minutes, pour laisser le sang circuler. Si la blessure est à la poitrine ou sur l'abdomen, il faut essayer de comprimer avec une serviette ou une toile pliée. On réussit en général à stopper l'hémorragie, mais quelquefois, quelques points de suture sont nécessaires.

Il faut ensuite désinfecter largement la blessure et enlever toute trace de terre ou de saleté. Attention aux morsures possibles : il vaut mieux museler le chien avant de commencer ! Sur la blessure propre, on pose une gaze provisoire pour prévenir toute nouvelle souillure avant de faire vérifier la bles-

sure par le vétérinaire. En cas de blessures aux membres, il peut arriver que les tendons et les nerfs soient endommagés. Dans ce cas, ils devront être suturés rapidement pour éviter des séquelles permanentes.
Si la blessure est une fracture ouverte, il faut la laver avec de l'eau oxygénée et la couvrir d'une gaze avant de courir chez le vétérinaire. Les tissus abîmés s'infectent facilement et cela peut donner des maladies difficiles à guérir.

Lésions des yeux, des oreilles, du nez

Les yeux sont particulièrement exposés chez les petites races aux globes proéminents. Les griffes des chats ou d'autres chiens peuvent endommager gravement la cornée. Il peut y avoir des traumatismes violents, faisant jaillir le globe oculaire hors de son orbite. Il faut laver l'œil blessé avec de l'eau oxygénée ou simplement de l'eau pure, le maintenir sous une linge humide et courir chez le vétérinaire. Les lésions oculaires sont très douloureuses.
Le traumatisme le plus fréquent aux oreilles est la blessure ouverte ou l'hématome interne du pavillon auriculaire. Dans les deux cas, il faut essayer de stopper l'hémorragie, y compris en bandant l'oreille et en y appliquant de la glace.
Les hémorragies nasales sont peut-être les plus impressionnantes pour le maître. Elles peuvent venir d'un empoisonnement ou de la présence de corps étrangers dans les sinus qui irritent le chien et le poussent à éternuer violemment.
On peut chercher à arrêter le sang avec de la glace et le transporter le plus vite chez un vétérinaire.

Brûlures

Elles sont peu fréquentes chez le chien car son instinct le pousse à éviter le feu.
Cependant, elles peuvent être occasionnées par de l'eau bouillante ou des substances chimiques. Il faut avant tout laver la partie atteinte à grande eau afin d'enlever le produit irritant, de refroidir aussitôt en cas de brûlure chaude, préparer des compresses froides pour réduire la vasodilatation, couvrir la brûlure et se rendre chez le vétérinaire qui contrôlera l'état de choc provoqué par la brûlure.

Gelures

Ce n'est pas un phénomène très courant sous nos climats, mais cela peut arriver en montagne. Ce sont, en général, les membres et la pointe des oreilles qui sont touchés. Il faut emmener l'animal dans un endroit chaud, le couvrir pour faire monter la température, masser délicatement les endroits gelés et chercher à les réchauffer avec des linges chauds ou des bouillottes. La couleur rosée de l'épiderme indiquera la reprise de la circulation du sang.

■ Suffocation

On doit intervenir très vite : ouvrir la gueule de l'animal et lui tirer la langue pour regarder l'arrière-gorge. Si on réussit à voir le corps étranger, il faut l'extraire.
Pour éviter tout danger de morsure, on écrase légèrement les babines sur les dents du chien qui ne refermera pas les mâchoires.
Si on ne voit rien et que le chien est de petite taille, on peut le prendre par les pattes arrière et le secouer pour faire tomber ce qu'il a dans la gorge. Si la taille du chien ne le permet pas, il faut donner des coups secs mais pas trop violents sur la poitrine : l'air expulsé peut déplacer l'objet qui obstrue la gorge.

■ Convulsions

Elles sont souvent effrayantes lorsqu'elles sont intenses. Il est indispensable de mettre le chien dans un endroit où il ne pourra pas se blesser pendant les convulsions.
La crise passée, laisser l'animal tranquille dans un endroit sans bruits ni lumière jusqu'à ce qu'il reprenne une respiration normale.
On peut le protéger à l'aide d'une couverture. Une fois la crise passée, le conduire chez le vétérinaire.

Comment lui administrer des médicaments ?

Un chien malade est déjà irritable et peu disposé à prendre des médicaments. Il faut d'abord essayer l'astuce et en dernier lieu la force. Les médicaments par voie orale peuvent être du type capsules, comprimés, etc., ou liquides.
On peut essayer de mélanger les comprimés à la nourriture, en en cachant le goût derrière celui d'un aliment particulièrement apprécié du chien (fromage, viande).
S'il s'agit de poudre, on la mélange à un morceau de viande et on ne donne le reste de la ration qu'après s'être assuré que le chien l'a bien avalé.

Ce qu'il faut avoir en cas d'urgence

- Désinfectants : eau oxygénée, teinture d'iode, mercurochrome.
- Solution désinfectante : sérum physiologique.
- Antibiotiques intestinaux.
- Laxatif : huile de vaseline.
- Antiémétiques.
- Antibiotique d'urgence conseillé par le vétérinaire.
- Compresses de gaze, pansements, bandes de gaze.
- Le numéro de téléphone du vétérinaire habituel.

Mais certains médicaments ne peuvent être mélangés sous peine de s'abîmer. Il faut alors ouvrir la gueule du chien, y introduire le comprimé profondément et la refermer rapidement en tenant la tête relevée afin d'accélérer la déglutition.
Enfin, il faut s'assurer que le chien a bien avalé le médicament car il pourrait le cracher une fois libéré. Les médicaments liquides peuvent être administrés à l'aide d'une seringue sans aiguille ou avec un compte-gouttes.
On tient la tête soulevée, on insère la seringue dans l'angle de la gueule et on laisse le produit s'écouler lentement. Il ne faut jamais l'administrer en gardant le chien la gueule ouverte : en l'empêchant de déglutir, on risque de l'étouffer.

Injections

Les injections sont sous-cutanées, intramusculaires ou intraveineuses. Le maître doit apprendre à les faire pour poursuivre le traitement ordonné par le vétérinaire, en utilisant toujours des seringues stérilisées.
Pour une injection sous-cutanée, on pince la peau entre les doigts sur le dos, entre le cou et les flancs, on désinfecte la peau en soulevant le poil et on introduit l'aiguille parallèlement à l'épine dorsale du chien.
Si le produit est irritant, il vaut mieux qu'une autre personne tienne le chien.

Médicaments contre les otites

Tenir la pointe de l'oreille et introduire le compte-gouttes dans le conduit auriculaire. Masser l'oreille pour répartir le produit uniformément. Tenir la tête du chien pendant un moment sinon il la secouera pour libérer son oreille irritée.

Médicaments pour les yeux

Tenir soulevée la tête du chien et laisser tomber les gouttes de collyre sur la cornée. Si on doit mettre une pommade, abaisser la paupière inférieure et en mettre sur l'intérieur.
Laisser l'œil se refermer et masser pour la répartir.
Enlever l'excédent resté à l'extérieur avec un mouchoir.

Suppositoires

Leur emploi n'est pas très fréquent, mais ils peuvent être nécessaires pour atténuer une douleur vive. Dans ce cas, il faut humidifier le suppositoire, soulever la queue du chien et l'introduire délicatement et sans forcer, l'enfoncer profondément, à l'aide d'un Coton-Tige, par exemple.
Garder la queue du chien sur la zone anale pendant quelques instants pour qu'il n'expulse pas le médicament aussitôt.

Au retour de promenade ou de battue de chasse, il est important de vérifier l'état des yeux et des oreilles, ainsi que le poil pour ôter d'éventuels épillets.

L'HYGIÈNE

Même si le Setter possède un poil long et abondant, son entretien n'exige pas de soins particuliers. Il suffit de brosser sa robe quelques minutes, régulièrement, en insistant un peu plus lors du renouvellement du poil, par exemple au début de la saison chaude.

En revanche, il est très important de le nettoyer soigneusement après chaque battue de chasse, surtout à certaines périodes de l'année, lorsque les plantes laissent tomber leur épillets qui s'insinuent dans le poil et s'y accrochent, créant des paquets de nœuds que le chien ne peut défaire sans notre aide et qui risquent de provoquer des irritations cutanées, voire des blessures plus importantes. Le bain ne doit pas être donné trop fréquemment, et toujours avec des shampooings neutres. Il ne faut pas oublier que, chez le chien, le poil a une fonction thermorégulatrice importante, protégeant l'animal du froid comme des trop fortes chaleurs.

De plus, la peau produit suffisamment de sébum pour que toute la robe du chien soit enrobée d'une couche protectrice qui la rend « imperméable »

Le poil du Setter, quoique long et abondant, n'exige pas de soins particuliers.

aux agressions du monde extérieur et aux agents pathogènes répandus dans l'atmosphère. Chez un sujet sain, le poil doit toujours paraître luisant et légèrement huileux. Au retour de toute promenade ou battue en campagne, l'état des yeux et des oreilles doit être vérifié, car des épillets peuvent s'introduire et causer de sérieux problèmes s'ils ne sont pas retirés à temps.

Si vous les repérez dans les yeux ou les oreilles, et que vous ne vous sentez pas capable de les retirer vous-même, adressez-vous immédiatement à votre vétérinaire habituel.

Annexes

Lexique des termes cynophiles courants

Les titres et abréviations cynophiles sont souvent tout aussi ésotériques pour le particulier que ceux utilisés en informatique ou dans les petites annonces de vente de voitures ! Voici un lexique des principaux termes utilisés.

Affixe : nom propre à un élevage, concédé à l'éleveur par la FCI pour la vie, destiné à servir de « nom de famille » à tous les chiens de sa production. Par exemple « of Mountford » ou « Riverhill » sont deux très célèbres affixes de Shetland.

Agility : discipline créée en 1978 par le Britannique Peter Meanwell, l'Agility consiste à réaliser le plus rapidement et avec le moins de fautes possible un parcours d'obstacles inspiré du concours hippique. C'est à l'heure actuelle une discipline très répandue et la principale activité des Shetlands actifs en France.

Bégu : se dit d'un chien atteint de prognathisme supérieur (les incisives de la mâchoire supérieure sont en avant de celles de la mâchoire inférieure).

CACIB : certificat d'aptitude au championnat international de beauté. Mention pouvant être attribuée, à la discrétion du juge, au sujet classé « 1er excellent » dans une classe d'adultes (ouverte, travail, champion), si ce dernier présente des qualités exceptionnelles, et ce lors d'une exposition internationale dite « à CACIB ».

CACS : aussi appelée « CAC ». Cette mention peut être attribuée, sur appréciation du juge, au sujet classé « 1er excellent » dans une classe d'adultes (ouverte, travail, champion), si ce dernier présente des qualités exceptionnelles, et ce lors d'une exposition nationale, dite « à CACS ».

Cagneux : se dit d'un chien atteint d'un défaut des membres postérieurs ou antérieurs, les pieds étant tournés vers l'intérieur (« en dedans »).

Carte d'exposant : document envoyé à l'exposant après enregistrement de son engagement, lui servant de laissez-passer et donnant droit au catalogue des inscrits à l'entrée de l'exposition concernée.

C. Ch. : classe champions.

C. Déb. : classe débutants.

Certificat de naissance : document en trois volets de couleur rose attribué par la SCC à chaque chiot issu de parents confirmés, à condition que l'éleveur se soit acquitté des déclarations de saillie, de naissance et de la demande d'inscription de portée auprès de la SCC.

Ch. : champion national. Le nom du pays suit le sigle. Exemple : Ch. Esp. = champion d'Espagne, Ch. It. = champion d'Italie, etc.

Ch. CS. : champion national de conformité au standard). Ancien titre de champion de France de beauté.

Ch. IB. : champion international de beauté.

CHLP : sigle diminutif désignant les vaccins contre les maladies suivantes : maladie de Carré (C), hépatite infectieuse (H), leptospirose (L) et gastro-entérite à parvovirus (P). Le sigle « R » désigne le vaccin contre la rage.

Choix de portée : il s'agit du chiot, mâle ou femelle, que le propriétaire de l'étalon conserve comme paiement de la saillie effectuée par son chien. Par extension, se dit aussi du chiot conservé par l'éleveur comme futur représentant et reproducteur de son élevage. Ou encore du chiot choisi parmi tous les autres par le premier acheteur.

C. J. : classe jeunes.

C. O. : classe ouverte.

Confirmation : examen obligatoire en vue de l'obtention du pedigree définitif pour tous les chiens inscrits au LOF. Le chien doit être âgé de douze mois minimum. Lors de l'examen, l'expert-confirmateur vérifie l'identité du chien (par son tatouage), sa dentition, et la présence des testicules pour les mâles. En l'absence de défaut rédhibitoire (« point de non-confirmation »), l'expert déclare le chien « apte », et signe le formulaire de confirmation. Le propriétaire le renvoie, complété et accompagné d'une somme forfaitaire à la SCC, qui lui fait parvenir le pedigree définitif de son chien sous trois mois.

Cryptorchide : se dit d'un chien mâle dont aucun des deux testicules n'est normalement descendu dans le scrotum (bourses). La cryptorchidie est un point de non-confirmation dans l'ensemble des races, et un motif de disqualification dans les manifestations canines.

C. T. : classe travail.

C. V. : classe vétérans.

Déclaration de naissance : imprimé officiel de la SCC devant être complété et renvoyé dans les quinze jours suivant la mise bas.

Déclaration de saillie : imprimé officiel de la SCC devant être complété, signé et renvoyé dans les quatre semaines suivant la date de l'accouplement.

Demande d'inscription de portée : imprimé officiel de la SCC permettant l'attribution des certificats de naissance, à compléter et renvoyer dans les six mois suivant la date d'ouverture du dossier par la SCC (à réception de la déclaration de saillie).

Élite : voir à R. e.

FCI : Fédération cynologique internationale.

Grignard : se dit d'un chien atteint de prognathisme inférieur (les incisives de la mâchoire inférieure sont en avant de celles de la mâchoire supérieure ; c'est le prognathisme du Boxer ou du Bulldog).

Lice : femelle (reproductrice).

LOF : Livre des origines français. Ouvert en 1885, le LOF gère toutes les naissances et inscriptions de chiens de race pure. Dans beaucoup de races, le livre est ouvert. Cela signifie qu'un chien sans pedigree, mais correspondant parfaitement aux critères de la race, peut y être inscrit à « titre initial ». Ses descendants (nés d'un partenaire confirmé) sont alors normalement inscrits à leur tour. Dans des races à forte population, le livre est fermé. Les chiens ne peuvent y être inscrits qu'au « titre de la descendance », c'est-à-dire par la voie normale de l'accouplement de deux parents eux-mêmes LOF et confirmés. Ou au titre de l'importation, s'ils détiennent un pedigree d'un pays membre de la FCI.

Lot d'élevage : groupe composé de cinq sujets de même race et variété (mâles et femelles) nés chez le même éleveur, mais pouvant appartenir à des exposants différents. Ils doivent en outre être engagés individuellement. Les lots d'élevage concourent pour le titre de « meilleur lot d'élevage ».

Meilleur de race : chien choisi par le juge parmi les vainqueurs de toutes les classes d'une même race. Il peut appartenir à n'importe quelle classe. Exemple, le gagnant de la classe jeunes peut l'emporter sur celui de la classe champions.

Mondiale : « La Mondiale » désigne l'exposition annuelle qui tient lieu de championnat du monde. Organisée chaque année dans une ville différente, elle réunit les plus beaux chiens de très nombreux pays. Les sujets y obtenant le CACIB accèdent au titre officiel de « vainqueur de l'exposition mondiale de .... ». Par commodité, on parle plus souvent de « champions du monde » et « champions du monde junior » pour les vainqueurs de classe jeunes.

Monorchide : se dit d'un chien mâle dont un des deux testicules n'est pas normalement descendu dans le scrotum (bourses). La monorchidie est un point de non-confirmation et un motif de disqualification dans les manifestations canines.

Panard : se dit d'un chien atteint d'un défaut des membres postérieurs ou antérieurs, les pieds étant tournés vers l'extérieur (« en dehors »).

Pedigree : document officiel attribué à un chien inscrit au LOF après qu'il ait passé avec succès l'examen de confirmation.

Pistage : discipline de compétition ou utilitaire, où le chien doit retrouver objets ou personnes en suivant leur « voie » (trace odorante) grâce à son flair. Il s'agit d'une discipline noble et très ardue, où des Shetlands ont déjà obtenu d'excellents résultats.

Prognathe : se dit d'un chien dont les incisives des deux mâchoires ne sont pas en contact étroit, ou si les inférieures sont en avant des supérieures. Selon la nature de son prognathisme, le sujet peut être « grignard » ou « bégu ».

RCACIB : réserve du certificat d'aptitude au championnat international de beauté. Mention attribuée sur décision du juge à un chien classé « 2e excel lent » dans une classe d'adultes (ouverte, travail, champion), à condition qu'il soit de mérite exceptionnel. Le RCACIB tient lieu de CACIB lorsque le chien ayant remporté celui-ci ne remplissait pas les conditions pour y prétendre.

RCACS : réserve du certificat d'aptitude au championnat de standard. Mention attribuée sur décision du juge à un chien classé « 2e excellent » dans une classe d'adultes (ouverte, travail, champion), à condition qu'il soit de mérite exceptionnel. Le RCACS tient lieu de CACS lorsque le chien ayant remporté celui-ci ne remplissait pas les conditions pour y prétendre.

R.e. : reproducteur d'élite. Titre correspondant à une cotation en nombre de points réalisée par le club de race. Un reproducteur est déclaré d'élite lorsqu'un nombre déterminé de ses descendants obtiennent eux-mêmes le titre de « sujet recommandé. » Sont déclarés « élite A » les étalons ayant produit au moins cinq sujets recommandés issus d'au moins trois lices différentes. Sont déclarés « élite B » les étalons ayant produit trois sujets recommandés issus d'une ou plusieurs lices. Sont déclarées « élite A » les lices ayant produit au moins cinq sujets recommandés issus d'un ou plusieurs étalons. Sont déclarées « élite B » les lices ayant produit au moins trois sujets recommandés issus d'un ou plusieurs étalons.

Ring : aire délimitée par des barrières ou des cordons, à l'intérieur de laquelle se déroulent les jugements. Le ring d'honneur est le plus grand et le mieux situé de tous, dans lequel se déroule l'attribution des « meilleurs de groupe » et du « Best in Show » (meilleur chien de l'exposition).

SCC : Société centrale canine.

S.r. : sujet recommandé. Sujet qualifié « excellent » à l'exposition nationale d'élevage en classes ouverte, champions ou vétérans.

TAN : test d'aptitude naturelle. Épreuve destinée à évaluer les caractères des chiens et à mettre en avant leurs qualités de sociabilité, équilibre, résistance au bruit, etc

Si vous souhaitez que votre Setter participe à des expositions ou à des concours, il vous sera utile de connaître les principaux termes de cynophilie.

Adresses utiles

Société centrale canine (SCC)

155, avenue Jean Jaurès
93535 Aubervilliers Cedex
Tél. : 01 49 37 54 00
Fichier central : 01 49 37 54 54

Fédération cynologique internationale (FCI)

13, place Albert 1er
6530 Thuin
Belgique
Tél. : (00) 32 71 59 12 38

Club du Setter anglais

Président
Philippe Dubroca
46 Peydebayle
33210 St Pierre de Mons
Tél. : 05 56 63 01 23
Secrétaire général
Patrick Londeix
Fonrazade
24700 Le Pizou
Tél. : 05 53 80 41 01
Secrétaire administrative
Hélène Marre
2 allée des Sarments
35580 Pont Rean
Tél. : 02 99 42 89 13

Index analytique

A

B

C

D

E

F

G

Q

R

S

T

U

V

Y

Table des matières

Achevé d'imprimer en mai 2007
à Luçon, France,
sur les presses de Pollina - n° L43541
Dépôt légal : mai 2007
Numéro d'éditeur : 9969